时光荏苒

李苒苒／著

人民交通出版社股份有限公司
China Communications Press Co.,Ltd.

图书在版编目（CIP）数据

时光荏苒／李苒苒著．— 北京：人民交通出版社股份有限公司，2015.1
ISBN 978-7-114-11890-6

Ⅰ．①时… Ⅱ．①李… Ⅲ．①李苒苒－自传 Ⅳ．①K825.78

中国版本图书馆CIP数据核字(2014)第282833号

Shi Guang Ren Ran
书　　名：时光荏苒
作　　者：李苒苒
责任编辑：刘　君　刘楚馨　童　亮
出版发行：人民交通出版社股份有限公司
地　　址：(100011）北京市朝阳区安定门外外馆斜街3号
网　　址：http://www.ccpress.com.cn
销售电话：(010）59757973
总 经 销：人民交通出版社股份有限公司发行部
经　　销：各地新华书店
印　　刷：中国电影出版社印刷厂
开　　本：720×960　1/16
印　　张：19
字　　数：350千
版　　次：2015年1月　第1版
印　　次：2015年1月　第1次印刷
书　　号：ISBN 978－7－114－11890－6
定　　价：46.00元
（有印刷、装订质量问题的图书由本公司负责调换）

《演员丛书》总序

从1905年第一部无声电影《定军山》至今，中国的电影艺术走过了109个春秋。与之相比，电视剧要年轻一些，从1958年的《一口菜饼子》开始，到今天也有56年的历史了。百余年的时光里，大浪淘沙，谢添、赵丹、张平、张瑞芳、陈强、白杨、孙道临等众多演员将名字镌刻在银幕上、历史中，他们汇聚起一条光辉灿烂的星河，在时光流转中照亮了中国影视艺术的天空，并以璀璨夺目的壮美吸引着、指引着一代又一代影视人汇入这条长河中，努力着，骄傲着，燃烧着，以自己的一抹华彩，让中国影视艺术更加绚烂。

如何让每一代年轻人都能欣赏到这条星河的美景，让他们记住，让他们神往，让他们树立起艺术人生的标杆？让千百万有着演员梦的人向着艺术家的方向去努力，去奋进？诚然，观看这些著名演员的代表作品是绝好的途径，但是，影视作品中所见的大都是他们的艺术光辉，若想全面深入地了解一代代影视人的人生经历、艺术理念、创作观点以及不懈奋斗的心路历程，阅读他们的传记无疑是最好的选择。

现在我国影视行业以每年二百多部电影，一万七千余集电视剧的速度蓬勃发展，因而聚集了众多从事表演工作的演员。我作为中国广播电影电视社会组织联合会演员委员会的会长，一直有个心愿和计划，希望为当今德艺双馨的影视表演艺术家、演员作传，形成一套“演员丛书”，用榜样的力量端正广大演员的创作态度，进一步壮大社会主义文艺力量，创作出更多无愧于时代的优秀作品。而同时，由演员亲自撰写或口述的传记，将成为他们艺术人生的最真实记录，更是中国影视艺术的宝贵财富。

2014年3月，这一计划得到人民交通出版社的鼎力支持，并于5月底开始实施。在此，我代表演员委员会对人民交通出版社和社长朱伽林先生表示诚挚的感谢！

“演员丛书”首批人选在几经斟酌后，选定了北京电影学院的马精武和李苒苒教授。他们不但是影视表演艺术家，更是教育家，也是我的恩师。桃李不言，下自成蹊。在五十多年的教学中，他们孜孜不倦，视徒如子，点亮无数星光，并且积累了大量行之有效的教学和表演经验。相信他们的传记将带给更多从事演员工作的人以启迪。

太平世界，因人物而繁盛，让中国影视的星空永亮，正是“演员丛书”中的所有艺术家、演员、作者以及关心和支持本套丛书的社会各界朋友们的共同心愿。让我们见贤思齐，在这个伟大的时代中不断修为，不断前行！

2014年10月于北京

同代人的述说

“信马由缰”、“时光荏苒”，马精武、李苒苒伉俪传记的名字起得真好。作为挚友，我也非常荣幸与快乐地为这两本书作序。

我和精武、苒苒夫妇学习及工作在同一所大学——北京电影学院。人们常说，大学同学之间恋爱的，结婚的不多；结了婚的，白头到老的更不多。而他们俩却是个少有的“相伴一生”的奇葩。我们是同一代人，生于战乱的三四十年代，长于美好的五十年代，困于动荡的六七十年代，成于改革的八九十年代，叫我们“理想的一代”、“奋斗的一代”也好，叫我们“受骗的一代”、“失落的一代”也好，我们每个人的人生旅程中，都闪烁着奋斗足迹和思想光辉，永远灿烂。

因为，我们是祖国历史中无法忽视与抹去的一个存在。

才华横溢，可以说是马精武与李苒苒的第一个共同特点。

记得我还是个高中生的时候，就跑到北京民族宫剧场看过他们的毕业话剧公演：《普拉东·柯列契特》和《雷雨》。那时的马精武已少年成名，出演过中苏第一部合拍的宽银幕彩色故事片《风从东方来》，演主角的青年时期（成年时期由大演员田方饰演）。他在舞台上英俊挺拔，魅力十足，早已拥有了像我这样的一大批的学生影迷“粉丝”。而那时的李苒苒在舞台上塑造的繁漪，完全没有青年学生的稚嫩与单薄，尽显自己独特的知性和韵味，令人难忘。用学中翘楚、才子佳人来称呼他们这一对青年才俊，绝不是虚言。

谢飞

马精武的才华，突出表现在他在银幕与舞台上的表演里。他不仅在大学二年级时被挑选出演了前面说到的《风从东方来》，刚刚毕业，就参演了北影“四大导”之一的成荫的影片《停战以后》；“文化大革命”后期，又先后参演了风靡全国的影片《艳阳天》、《金光大道》，因扮演马老四、张金发等角色而家喻户晓。这样的业务履历，绝不比他后来许多出了名的学生们的知名度差。

精武兄的艺术才华还表现在能歌善舞、会编善导上面。那个时代的电影学院，每次校内庆典，下工厂、到农村，哪次演出少得了马精武的节目和主持呢？他的新疆歌舞《双送礼》，风靡各地；“文革”中的歌舞剧《红灯照》，演遍北京。我的老照片相册里的那些照片，记述着他带领着我们这些下放“接受再教育”的青年文艺工作者，在河北白洋淀农村的四五年里，在田边、湖畔经常创作与表演的大量的“革命宣传节目”：对口词、三句半、小话剧、小歌舞等。

所幸当我们即将进入中年的时刻，迎来了改革开放的新时期，他将自己的编导演、歌舞、喜剧、书法等众多艺术才华投入到有意义的创作与教学中去，正如传记中记述的《笑比哭好》、《行窃大师》、《最后一幕》等。我总觉得，以马精武的表演天赋、超强的模仿力、极佳的喜剧才华，他应该在新时期的喜剧小品表演上拥有突出的席位。

苒苒老师的艺术才华突出表现在她的表演教学上。

1960年毕业后，她曾被分配到北京电影制片厂演员剧团；很快她就调回到电影学院，做表演教员。因为她能写善讲，善于从感性实践中总结理性知识，这正是她的长处与潜能。通过一班又一班的表演教学实践和个人的舞台与银幕实践体验，她总结出了许多表演与教学的真知灼见。她在传记的第二章教学篇中，记述的一些重要经验和论述，非常值得艺术教育的后辈们研读与领会。她的学生中涌现了很多耀眼的人才，如“文革”末期北京电影学院合并到中央戏剧学院时，她参与招生及教学的74级，回归电影学院后的78级、81级业余班、82级、明星班、89级等班级中，出现的赵宝刚、娜仁花、臧金生、林芳兵、张晓敏、唐国强、宋春丽、邵兵、柳云龙、俞飞鸿等，都证明了苒苒老师在发现与培养表演人才上的睿智与才华，他们是她一生辛苦付出、严格治学的硕果。

苒苒能演善教，会编勤写。她自己编剧、导演的话剧《这不是戏》、《青春不会等待》等话剧与电影，都是紧密结合课堂教学的产物。她和精武兄离退休之后，当年他们担任教学的“表演师资班”培养的高材生崔新琴、霍璇等老师，继承了他们的传统，培养出了今天一代的表演新秀。

历史就是这样，可惜与可喜相伴，失去与获得并存。今天重要的是在回顾与阅读前人的足迹之后，我们能多明白些道理，多汲取些经验。

正直友善，是这对表演教育伉俪的第二个人生特点。

我和精武、苒苒夫妇不仅是多年的同事，更是挚友。除了多次的影视创作合作以外，还一同参加了众多的社会活动，一同下放，一块儿“改造”。在河北白洋淀的东向阳村的农民家里，我和精武兄并肩睡在一个土炕上长达三年，可谓知根知底，情同手足。

马精武、李苒苒夫妇的热情好客是出了名的，从小西天筒子楼的小屋，到后来的教授单元，再到他们现在的宽敞居所，记不清有多少次见到学生、同事、朋友们在那里欢乐聚会，看精武的书法表演，共叙友情。

对众多友朋、学生有如此巨大、长久的凝聚力，缘于他们夫妇的人品。为人正直、真诚，苒苒在各种问题上总是有自己的见解，她的坚强的品格，让我由衷地佩服。进入退休生活后，我和他们见面的次数渐少，但是我惊喜地发现，我们之中年龄最大的苒苒，却是位精神和心灵最年轻、最能接受新事物的与时俱进者。在我们这个年龄群里，她使用微博很早，也非常有趣；对每日每刻社会上的事物、文艺潮流的变化，以及过去学生、亲友的动态，及时发出自己的看法。她的博文短小、生动，敏锐、率性，仍旧执着地坚守着她几十年如一日的那份真诚，那份正直，那份信念。

两本传记都生动、好读。希望我们的同龄人读读他们的传记，找到过去的记忆与温暖；希望我们的后辈，不论是50、60、70后，还是80、90、00后，读了这些你们不再可能见到或听到的人生故事，能增加见识、激起热情，去思索生活与事业的意义，去创造、发现属于你们自己一代人的美好的、有价值的人生。

谢飞

2014年10月于北京

自序

PREFACE

李苒苒

我是一个不善于规划的人，凡事较为随意。平时我如果有了构思，想写时提笔就写，至于结果会怎样并不顾及。从前陆续写过好几个电影剧本都没有四处奔波去寻求出路，不会为了自己付出的辛苦而到处去求人。前年想写一个以中老年知识分子为主的故事，于是就写了三十集电视剧剧本《忧乐永相随》，曾请个别人看过，说太平淡，不符合当今的电视剧风格和需求，我也无所谓，那就放一放。

因从事几十年的表演教学，自认为还是积累了较丰富的经验，如果就这样丢掉有些可惜，所以一直有个心愿想将其归纳总结一下，这也是我近些年来没有完全放弃教学的一个缘由，却从来没想过要写一本自传体的书。此次是由演员委员会会长唐国强提议并促成这件事的完成，接受了、写了，觉得很好，很有意义。只是一直遗憾自己没有正规地学习文学，在写的过程中常常感到语言匮乏，因此我只能实实在在地、坦诚地叙述我的成长，我的工作，我的创作和我的所思所想。

我不知道这些对读者有什么意义，会引起兴趣吗？会感受到我是怎样的一个人吗？对于怀揣梦想，期望做演员的，或对从事表演教学事业的老师们是否会有些启迪呢？我真的不知道。但我属于要做就一定要认真努力地去把事情做好的人，本来出版社的领导和编辑说可以口述，也可以自己写，我还是决定自己动笔。尽管学会了发微博，但不会用电脑，不会打字，只能手写。历经整整四个月的时间终于完成。

我尽力了。

回顾一生，无怨无悔，面对未来，淡然处之，我将更心静坦诚地度过我的余生，足矣！

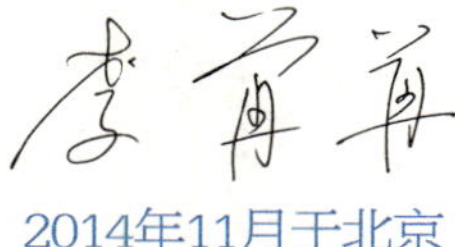

2014年11月于北京

目录

上编

荏 苒

第一章

成长篇

一切已经成为过去，人生永远不要后悔，
不要无尽地回头看，成长是一种磨炼，
是一种丰富，人的一生应该无怨无悔。

一、送走又要回来的经历

谁都知道，一般家庭若没有极特殊的情况都不会把自己的亲生儿女送给别人，除非是真的养活不起了。我的父母自然没有到这一步，然而却让我有了这样的经历。他们究竟为什么，又怎么舍得把他们4岁的女儿送给别人？几年之后又坚决地把我要了回来，为什么？说来话长，也有些复杂，就让我从头说起吧。

先谈谈我母亲的家族。他们始终居住在辽宁大连，居所临海。母亲说她小时候落潮时常会去海边捡蛤蜊，还可以坐在岩石旁砸海蛎子（即生蚝），当时就可以吃，味道鲜美。每每听到母亲讲起这些事，我就有亲切感，似乎听到了海浪声，闻到了海的味道。尽管我没有在海边久住，但依然对海有一种特殊的情感。这可能是和祖辈的一种缘分吧。

据说我的姥爷懂得些医术。附近乡亲们有了头痛脑热都会找他看病。他甚至还接治过狂犬病人，母亲说这种病人很可怕，他们只是口渴，大喊大叫，十分吓人，需要隔离治疗。狂犬病到现在都是医疗难题，难以治愈，当年姥爷竟然收治，听起来也太神奇了。因此，他在当地很有些威望，人们都尊称他为“刘神仙”。

姥爷的第一个妻子为他生了两个儿子，五个女儿，妻过世后续弦娶了小他十几岁的我的亲姥姥。母亲说姥姥患过天花，脸上留有些许麻点，不过俗话说“十麻九俏”不无道理，姥姥非常俊俏且干净利落，进了刘家门就井井有条地操持起家务，照料着一大堆孩子。只可惜她一生未得一子，却为家里又增添了老五、老六、老七、老八、老九——五个闺女。在那个年代这会使老刘家很不得意，尤其在姥爷先她而过世后，据说仅大她三四岁的长子成了一家之主，之后长子开始欺负尚未出嫁的妹妹老八、老九，并将他们赶出了家门。

我的母亲原名刘金琉，参加革命后改名刘进云，在姥姥家排行老八，都说这五个女儿里，老七厉害，性格刚烈，而我母亲最老实，人们认为她不够精明，称之为“八彪子”，这是大连话，俗语彪乎乎就是傻乎乎的意思。其实母亲很能干，手很巧，在职业学校边上学，边织毛衣、勾桌布等，只不过不多语而已。

我的父亲祖籍山东黄县，即现在的山东省龙口市。爷爷何时带着全家迁移到大连已无法得知，只听说当时父亲很小，大约9岁时奶奶就去世了，是他的大姐像母亲一样待他，扶持他长大。他的少年时光是在日本殖民统治的年代度过的。1926年，父亲19岁时进入旅顺师范学堂读书，就是在那里他接触了进步青年，并成为旅顺师范学堂第一个共产党党支部的成员。

在中国大连旅顺口区史志办公室编著的《中国共产党旅顺口历史大事记》一书中有明确记载：“1926年1月中共大连特别支部成立，7月在旅顺师范学堂学生中发展和培养爱国主义的积极分子李盛忠(后改名为李颠尘，即我的父亲)等六人为中共党员，建立了中共旅顺师范学堂党支部。”

1927年5月，中共大连地委组织部长陈一仁到旅顺宣传由王耀光、孙守业、李盛忠组成中共旅顺支部，但就在这之后不久，中共大连市委遭到第一次严重破坏。1928年4月遭到第二次严重破坏。书中记载：“旅顺支部三名党员中王耀光被捕，李盛忠因在旅顺师范学堂领导罢课斗争被校方开除学籍，并遭到通缉，不得不离开旅顺。中共旅顺支部停止了活动。”父亲李盛忠因此而离开旅顺，逃至奉天（现为沈阳）寻找组织，继续从事救国的地下活动。据母亲说，父亲当年学美术，这期间曾去日本，在那里可以更多地看到有关马列的书籍。

此时，母亲家的老五、老六都已按照老规矩被缠了足陆续嫁了出去。二十世纪五六十年代，每当母亲从贵阳回京时（1956年母亲被调往贵阳工作），五姨、六姨都会想办法从大连来到北京探视她们的妹妹。我还记得五姨讲述她出嫁时的情景，她说新娘早起只能吃鸡蛋，为的是不饿不上厕所，当她偷偷地看了那个即将成为她丈夫的男人长得十分英俊时，心中顿时大喜。我听了以后心想：“这要是一个丑八怪呢？她不是也得为他生儿育女，过一辈子吗？”但这就是那时女人的命运。

老七，也就是我的七姨在家境尚允许的情况下率先走出了家门，跑到奉天（沈阳）开始了她的学医生涯。因为她的出走，我母亲的婚事被提上了日程。据说七姨假期回家，听此情况坚决不允，尤其听说那个男人不务正业后，她便亲自跑到那家人门口敲门大骂，竟吓得那一家人没敢出来迎战。这门亲事就这样吹了。七姨为此事十分得意，曾对我说：“若不是我替你妈挡着，你妈就嫁给那个人了，还能跟你爸好吗？”

确实，我爸妈是自由恋爱而结合在一起的。

姥姥过世后家境起了变化，老八、老九成了累赘，最不受待见，也正是因为七姨的强势、能干，把两个妹妹都弄到了奉天。我母亲半工半读进了手工职业学校，九姨则进了中学。

父母合影

这时正是二十世纪三十年代初，正值父亲留在奉天学习美术，留着长发。大约就在这时，他与母亲相识。母亲说其实七姨早在医科大学上学时就有了恋人，是和她一起学医的同学，两人好得如胶似漆。但七姨却不允许我母亲和父亲相好，她认为父亲是一个靠不住的人，生活不安定，不知将来还会出现什么情况。虽说别人包括母亲的亲姐妹，都认为母亲有点傻，但母亲爱起来却十分执着，最终还是没听七姨的话，在22岁那年与大她两岁的我的父亲结了婚。

我和哥哥出生在沈阳。我是1934年阴历十一月十八日出生，那时日本早已占领东北，母亲刚生完我几个月后忽患猩红热，高烧不止，只好住进了日本人开的医院。由于她心存警觉和紧张，病中产生幻觉，说亲眼看见日本人把我和哥哥用刺刀杀死了，便一直痛哭不已。待她病好后，父亲才带我们去见母亲，她却不肯相信，非说是不知从哪儿抱来的孩子骗她，幸好我的左脚面上有一块胎记，给她看了方才相信这真是她的孩子。

母亲说她和父亲当年时常搬家，都是为了躲避日本人的抓捕。有时搬家以后门锁上，里边日常生活的东西一样也不动，为的是让人以为他们还在，但实际上他们早已离开。这真应了七姨的话，母亲跟了父亲，从此开始了她极不安定的生活，甚至动荡的一生。他们先后辗转去过佳木斯、哈尔滨，后来又到了北平。

七姨和她的丈夫在丹东（当时的安东）开了私人诊所“多仁医院”，生活一直都很富裕，也一直关照着九妹，并送她去日本学医。七姨父特别喜欢小孩，可惜七姨始终没有生育。

在北平，母亲在我之后又生了大弟和二弟，二弟尚未满周岁，也就是我4岁的时候，七姨和七姨父之间出现了问题，七姨不想失去深爱着的丈夫，为挽救婚姻，特地从丹东赶到北平，为的是要把我领走。

我和哥哥、大弟、二弟与父母在一起的照片大约就是我走之前的合影，我站在父亲、母亲之间。这张照片还是新中国成立后七姨把她保存的送给了我才得以保留下来的，而我对这照片怎么拍的已没有印象。

去七姨家之前拍的全家福　1938 年

当时他们是怎么谈的，怎么约定的，我当然不知道。在我的人生中，最初的记忆就是在火车站，我被放在火车上，母亲和七姨在站台上说话，母亲在流泪，而我在车上着急，生怕火车开走了，把我一个人带走，也许正是这种强烈的恐惧牢牢地镌刻在我的记忆中，以至于后来我怎么到的七姨家，又怎样熟悉了陌生的环境，我却没有留下丝毫的印象。是后来七姨告诉我，说我推不动她家的大玻璃门，还说我在屋子里转了一圈后，说道："你是开医院的呀？"

在丹东与七姨和表姐（五姨的女儿）的合影　1940 年

有人说小孩子两岁的时候就会记事，其实并不完全是真的记得，只是在成长过程中不断有人提起过去的事、有趣的事，才让你在回忆中不忘记往事。

而我到了七姨家，没有人提及我以前的事，因而我的人生记忆似乎就是在七姨家开始的。我称七姨为妈，称姨父为爸，名字也只保留了小名"玲玲"，大名姓的是姨父的姓。两年后我在那里进了金汤小学读书。他们对我疼爱有加，视为己出，我过着独生子女的优越生活。我那时真的不清楚是一开始就生在这个家还是后来才来的，因为完全不记得和自己的父母、兄弟一起生活的日子了。

记得上小学一年级时我学日语，参加各种体育活动，还记得当时我喜欢玩单杠。课外，我和一位叫姜丽娜的小朋友经常被请去参加婚礼，给新娘拉纱。有时也会做花童，我独自一个人走在新郎新娘的前边，手托花盘，在音乐声中走过红地毯，用左手撒一把花碎，再换一只手撒花。每次七姨都十分欣慰地站在一旁看着我，欣赏着我。她还十分喜欢看小说、看电影，不止一次地给我讲美国童星秀兰・邓波儿的故事，或许正是因为她的这些喜好影响了我，使我一直喜欢用文字表达自己的感受,并最终从事了表演这个行业。

虽然生活富裕，但七姨、七姨父的感情还是出现了不可逆转的危机。1942年，也就是我刚刚上二年级的时候，他们闹离婚，不停地吵架，姨父整夜不归，再一回来，他们必定又是激烈地争吵。我手里拿着七姨父给我的苹果还没吃，七姨就从我的手中夺走，扔了出去，我看见他们这样真的很难受，感到心在不断地刺痛。我疼七姨，也疼七姨父，因为他们都对我好。

在丹东镇江山　1941年

1942年的冬天，天很冷，七姨带着我离开丹东，回北平父母家。下火车后我和七姨乘坐马车直奔东城的水磨胡同。夜晚街道很暗，我们都不说话，安静得只能听见踢踏踢踏的马蹄声。我能感受到七姨的心，当时凄凉的情景给我内心留下深深的烙印，那个画面是永远不能忘怀的记忆。

我和七姨留住在北平父母家，起初住一张床，但不知道怎么回事，七姨突然搬走了，留下了我。而且至此，很久，很久，我都没有再见到七姨，就这样我又开始回到自己家，和哥哥、弟弟们一大堆男孩儿一起生活。我管父亲叫爸爸，管母亲叫妈妈，进入了新的学校——东观音寺小学，我的姓又改为李，父亲为我重新取了名，就是我现在的名字。

在七姨最伤心、最孤独、最无助的时候，父母却非要把我要回来，为什么呢？后来据母亲说，父亲一直有带全家去解放区的想法，生怕把我一个人留在国统区。当然这一切，对我来说只是经历，并不明白。

后来不记得过了多少个日月，母亲和七姨和解了，当七姨再见到我时，她哭了。我记得她对别人解释说："迷眼了。"

又过了很久，有一次我去七姨家看她，晚上七姨送我回家，走到半路她说不送我了，要回去，我一再挽留，求她再送我一程，又走了一段路，她说："好了，你自己回去吧。"我则更进一步要求她到我们家去，她说："晚了，不去了，自己回去吧。"说着她转身离去，我站在黑夜里喊她，一遍一遍地喊，她竟然头也不回地走了，我望着她远去的背影，心里别提有多难过，竟毫不顾忌地大声痛哭起来。

那情景至今深深地留在我的记忆中。

在我幼小的心灵里总有一种隐隐的伤痛，是那种情感被用力拉扯着撕裂了的感觉。

在以后的日子里有时我会想，父母离婚对孩子究竟会有着怎样的影响？把亲生的孩子送给别人家抚养，之后又要回来好吗？现在回想起父亲、母亲在自己有三个儿子，只有这么一个女儿的情况下，还肯把我送给七姨，这该是何等的姐妹情，我父亲的心地该是多么的善良。但遗憾的是，我没有挽留住那被我称之为爸爸的人的心。至此，父亲、母亲和七姨的良苦用心也以失败告终。

对我来说，这当然已是不可改变的事实，是早已久远的往事，不是责备，也不是怨言，只是留下“思考”两个字吧。

二、北平儿时记忆

因为父亲在内务部街上班，我们虽然几次搬家，但都没有离开过东城，住的都是四合院，独门独院没有邻居。从水磨胡同到草厂胡同，1945年后又搬了一次家，住在了东裱褙胡同。日本投降后，我们就是从东裱褙胡同离开北平，去了晋察冀边区的张家口市。

我重新回到我们家后，母亲又生了一个儿子，两个小女儿，这样，我们兄弟姐妹共七个。母亲很能干，她不上班，自己带孩子，自己做饭、擀面条、包饺子，一切家务从未请过佣人。母亲很得意地说："别看七个孩子大的十一，小的几个月，但从来没有让孩子邋里邋遢过，总是洗得干干净净。"

但对我来说，从清静的独生女儿的生活一下子变成了这么一大堆孩子的环境，除了两个幼小的妹妹，哥哥仅比我大一岁，家里有四个淘气得没了边儿的小子，场面可想而知。有时我会很厌烦，人实在是太多了。所以直到我上初中甚至高中，总有些人认为我有些孤僻，喜欢一个人待着。初中老师曾在我的日记中留言："聪明、年小、寡言。"当时对"寡言"这两个字是什么意思还不明白，后来才知道这是说我不爱说话，当然有的时候我又很喜欢热闹，这或许与我的经历有关吧。

父亲很喜欢我，这点我能感觉得到，母亲也常说："你爸爸就喜欢你。"

有一次他拿出一个钢镚，问我们几个大的孩子："能念出来么？"上面写着中国联合银行。

我只有一个联字不认识，而问到哥哥时，竟然念不上来，因此他挨了揍，我在一旁十分害怕。

还有一次二弟在父亲睡觉时跟我说："你知道吗，爸爸那个衣服的口袋里有钱。"他指着挂在衣架上的衣服，"你去拿。"

游北海公园 1942年

我说："我不拿，我不敢。"

"你去拿呀。"

"我不！"我坚决拒绝，主要是害怕。

没想到这话恰恰被躺在屋里的爸爸听见了，他狠狠地训斥二弟，却没有说我一句。但是当时，说实话，我在一旁吓得够呛，因为我认为我也有错。

我母亲因孩子多，看不出她对哪个更好一些。只记得有一次我和大弟弟吵架，为什么已完全记不清了。只记得我们拉扯在一起，他揪着我不放，我也不肯先放手。这时只听得母亲大声地呵斥道："行啦，行啦！有完没完？看这丫头厉害的。"

我俩放开了手，但我心里不服气，气得直哆嗦。不问谁对谁错就说我厉害，所以我认为母亲不喜欢我，心里不是滋味，这事儿我记得很清楚。

或许是因为我已把部分感情转移到七姨那里，母亲对此有所觉察，在她步入晚年时，她曾和妹妹谈起："当年真的不该把你姐姐送给你七姨。"

人的情感真的是很复杂、很微妙。

那时只要碰到不愉快的事儿，我只会默默地流眼泪，绝不和别人说。越是难过时越不说。

有一次我去冰场拉冰块，那时北平夏天有地方专门卖冰块，供应人们食用。不知为什么我一个人去的，结果冰块太大，拉了一会儿就拉不动了，我就站在那儿掉泪。这时过来俩年轻人，记得他们问我怎么回事，我就是不说话，那两个人可能也看出来，便帮着我拉上冰块儿，一直把我送到家，到大门口处他们走了，我看着他们离去的背影，心存感激，但是终究未吭一声，可见我就是够倔的。

在北平的三四年间，七姨也一直在医院里上班，只要休假，她便带我去看电影。记忆最深的电影是《黑孤夜魂》，谁演的已记不得，但情景至今未忘。被烧坏了脸的儿媳住在森林里的棺材里，她要复仇，当她掀起面纱时，可怕的面孔把我吓坏了，也因此牢牢地记住了这部电影。

七姨还教给我唱《西厢记》中红娘唱的："夜深沉，停了针绣和小姐闲谈心，听说哥哥病久，我俩背了夫人到西厢问候，他把门关了，我只好走……"之后的词就忘了。还教给我唱："从此花儿不许开，鸟儿不许唱，我不要这疯狂的世界，这疯狂的世界……"

她还带我去看过话剧《日出》，陆路明饰演陈白露。凄凉的声音："太阳出来了，然而它不属于我们……"这个演员的名字我始终记得清清楚楚。那时我也就9岁吧。七姨对戏剧、电影的喜好，真的对我产生了一定的影响，在我幼小的心灵里埋下了对戏剧、电影的兴趣。

那时，我在东观音寺小学上学，记得三年级时，学校组织演讲比赛，不知道为什么我竟然参加了，是自己报的名还是老师推荐现在已经没有了记忆，我演讲的内容是“我们要效仿别人的长处，修正自己的短处”，要站在讲台上面对众多的老师和同学。至今我也不清楚是什么支持我参与其中，还获得了第二名，这对于平时似乎不爱多说话的孩子简直是个奇迹。或许那时，我身体内就蓄积着一种朦胧的表现欲。

父亲在北平仍一直从事地下工作，我们住在草厂胡同时，有一天突然闯进几个日本宪兵，他们走进院子冲进房间，冲着父亲说着什么，要把父亲带走，母亲急得阻拦，父亲倒挺镇静，我记得他对母亲安抚地说：“没事，我和他们去一趟，一会儿就回来。”

但实际上父亲并没有回来。恰从这天开始，我们全家包括所有的小孩一律不允许走出大门，只限在院子和房间里呆着。门外有守卫，也不能出去买菜，不知什么人送来一麻袋洋葱，之后我家的菜就成了炒洋葱，整整持续了一个月。所以后来很长的时间里，我不能吃洋葱，一闻到那味儿就受不了。那时街道上有推着车卖豆汁的，大木桶里装着，各家可以拿锅去打。守卫对上门口买豆汁是允许的，因此从那时我开始习惯了喝豆汁。

记得当时有一位叔叔可以进出我家门，我现在想那可能是地下工作者，和日本方面也有通融。有一次他来了，和母亲商量要带我去日本宪兵队，因为我在辽宁丹东的学校一直学日语，能说上几句，他告诉我，到了那里要用日语和他们说：“我想我爸爸了，你们放了他吧！”他们要是不允许，就说：“让我见见我爸爸。”

我准备好了，便随这个叔叔去了戒备森严的日本宪兵队。黑色的大铁门（新中国成立后我还特意去看了看它的旧址），那天他们让我们进去了，我也说了，也不管面对的什么人，反正我嘟嘟囔囔地说了。他们说了什么我已记不清了，总之是没让见，日本人当然不会因为我能说这么两句日语就答应我的请求。

据我们后来知道的情况，那时一般有同志被捕，组织上总会想尽一切办法去营救。大约过了没几天父亲回来了。他为什么被抓，又怎么能被放出来，我自然是不知道，只记得父亲回来后，门卫撤了，我们自由了，可以上学了。

到现在我想起这件事，心里仍有些担心，如果父亲在“文革”时还活着，这一段经历绝不会被放过，不管事情是怎样，他都可能会被打成特务、叛徒。地下工作者的日子在那一特殊时期绝对是不好过的。

临近日本投降时，我们已搬至东裱褙胡同，很大的院子，依然是一家人独居，我们从来没有邻居。

可能因为时局的变化，或许我们大了些，似乎大环境的气氛有所缓和。从事地下工作的叔叔、大哥哥们时常来家，我们也莫名地感觉到他们是和爸爸一样的人。

那时我很爱看书，有位叫刘光国的年轻人，我们称他为光国大哥，他到我们家看到我在看《水浒传》就问：“你看得懂吗？！”在他眼里，我是小孩子，实际上，我觉得自己已经长大。

有一天院子里丢了一张报纸，风一刮直飞，可能是因为印刷纸质量很差，我很好奇地捡起来看，这时正好光国大哥从屋里走出来站在我的身后：“看什么呢？小丫头！”把我吓了一跳，当他看见我手里的东西时，他却真的被吓了一跳，连忙从我手中夺过去：“这个你不能看。”说着迅速返回房间。

我愣愣地想着：“这是秘密？”

不知他回屋后和母亲说了什么，少顷，母亲走了出来，问我：“玲玲（我的小名），你从哪儿拿的这报纸？”

“就在院子里，在这儿。”

母亲问我：“你看了吗？”

“嗯，上边写着共产党……”

母亲：“可不能和任何人说。”

“这是什么报？”

那一年我11岁，母亲也许觉得可以让我知道一些，于是把我带进厨房，很小声地和我说起来。

她当时是这么说的：“中国有两个党，一个是国民党，还有一个是共产党，国民党的头儿是蒋中正。”

“蒋中正？”我真是从来没有听过这个名字。

母亲说：“蒋中正就是蒋委员长。”

“哦，这个我知道。”

“国民党是蒋委员长，共产党是毛泽东。我们是站在共产党这边的。”

这大约是我有生以来第一次听到的最大的国家大事了。

母亲讲得很简单却十分概括明了，我能理解。

忘记是日本投降之前还是之后，爸爸突然离开家走了，妈妈说爸爸先走，随后我们也要离开北平去找爸爸。

至于去哪儿，我心里那时是明白的，就是要去共产党那边。

不记得父亲走了多久，母亲开始做出发的准备。和以往一样，家里所有的东西原封不动，这回是由父亲的一个侄子过来接手全部家当，母亲连一张照片都没带，后来的几张照片是七姨为我们保留送给我们的。

本来母亲以为不久我们还会回来，没想到这一去再回来已是四年之后，北平解放。进城后才得知我们的堂哥早在三年前就变卖了全部家产，搬到长春。结果在长春被围困时，全家没留一口人，全部饿死了。母亲非常遗憾地说：“他们若不去长春，怎么也不至于全家遭此劫难，家里的东西也会保留一些，这下，什么都没了。”

母亲还说："我们成了真正的无产阶级了。"

当时家里院子不小，养了七八只鸡，孩子们每人认领一只。走之前母亲说把鸡宰了吃吧，可是谁也不让杀自己的，只有5岁的最小的弟弟同意宰他那只公鸡。没想到堂兄从来没杀过鸡，一刀下去没致死，小公鸡吊着脖子，流着血满院子跑，这可把孩子们吓坏了，小弟心疼得大哭起来，于是堂兄再想抓鸡的时候遭到孩子们的一致制止。

母亲说："没有办法，那就留给他们，咱们谁都不要吃了。"

这是一个小插曲。

之后我们出发，记得天还没亮，有做地下工作的叔叔前来招呼，门口已停了两辆黑色小轿车，我们悄悄地、迅速地上了车，沿着黑乎乎的街道向城外开去。

那时颐和园附近还都是农村，车还没开到颐和园，司机就不走了。他说再往前有"八路"，很危险，说什么也不肯再送了。无奈全都下了车。好在我们的叔叔安慰道："没关系，我去联系马车，会有人接应。"这样没过多少时辰来了一辆大马车，全家人坐上，继续前行。

现在想起来，这位叔叔和母亲真是不容易，七个孩子，大的不到13岁，小的才两岁多，很危险呢。母亲反复地叮嘱我们，若有人问就说去姥姥家。其实我们心里也知道，这是离开北平。

记得路途中我们还曾夜宿在一个山村里，村子的土墙上全都画着大白圈，那时才知有狼，那白圈是防狼的。夜间真听见狼叫，那是我有生以来第一次听见狼嚎，是很凄惨的声音。

住在老乡的房里，有一个和我差不多大的女孩，还缠着脚，母亲劝她的母亲："不要缠啦，你看我的孩子脚多好，快解开吧。"

当然，最后这家人是听母亲的话还是没听，就无从知道了。

这件事给我印象很深，可怜的小女孩。其实现在想起来，这山村应该离北平不算很远，解放前夕了，居然还如此落后，可见我们真是够幸运的。

当我们进入到解放区时，印象最深的是村里的土墙上写着“没有共产党，就没有新中国！”的字样。这就是共产党的解放区啊，都是农村，我们最终到了张家口市，住进了招待所。

过了几天才见到父亲，之前在北平时父亲不是穿西装就是长袍，而此次相见，他穿的是浅蓝色的对襟棉袄、布鞋，看见他这身打扮，说实话，我看呆了。这是父亲吗？

父亲看着我笑了笑：“怎么？换了身衣服，就不认识了？”父亲依然那么亲切，我似乎才松了口气。他的装束变化实在是太出乎我的意料了，因此至今仍牢牢地记得他当时的样子。可惜从到了解放区就再也没有留过影，包括我的父母和我们这些孩子，这就是说我们要开始干革命啦。

三、战火中度过的岁月

到了晋察冀边区张家口市后，除了两个妹妹尚小，家里几个大些的孩子都进入市立第一完全小学读书，我升至五年级。

除了学习以外，那时学校经常组织各种宣传活动，演小节目。我参演了一个破除迷信的小戏，还参加霸王鞭队的演出，就是每人拿着一个竹棍，上边镶有很多个铜钱制成的霸王鞭，不停地敲打，打在胳膊上、肩头上，用脚踢，总而言之就是有节奏、有韵律地敲打出各种不同的声响，边跳边唱边变换队形。唱的是“没有共产党，就没有新中国”“共产党抗日功劳高，八路军打仗打得好”“八路军打日本好厉害，老百姓慰劳理应该”等等。

每次演出都十分兴奋，记得父亲还特意帮我做了一个非常精致的霸王鞭。

当时我还做了一件很可笑的事，有一次我路过市立中学时，看见他们贴出招收文工团团员的启事，也不知怎么想的，竟私自做主去报了名。考试时一进门，主考看着我笑着问：“你多大呀？”

“11岁。”我答。

他们几个主考哈哈大笑起来。幼小的年龄和幼稚的想法，肯定使我这人生第一次懵懂跃入从艺之路的想法以失败终结。后来当我第二年进入晋察冀边区联合中学的时候，才得知当时的主考官正是晋察冀边区联合中学文工团团长苏浙老师。他见了我竟然还记得我，他说：“你太小了，现在也不能要你。”后来，我考上北京电影学院时，还经常去他家看望他和他的夫人煤矿文工团团长王亚梅老师。他自然很欣喜，老是喊我：“小苒苒，小苒苒！长大喽！”

后来因“双十协定”被撕毁，国民党要进攻张家口，边区人民开始全面大撤离。

从1945年冬入学到1946年夏，不足一年的第一完全小学的学习生活终止，开始了动荡的大转移。我们几个孩子因为年纪小，自然是跟随父亲的单位"晋察冀边区人民银行"一起转移。行军是很辛苦的，有时有小毛驴让我们两个孩子骑一个，如果没有就只能步行。两个妹妹太小，总是被放在两个小箩筐里，挂在驴背的两侧。毛驴有个特点，走在山间小路时偏偏喜欢沿着外线走，其中一个装着妹妹的箩筐就悬在山崖的一侧，看着非常吓人。每到这时，母亲都不敢看那摇摇摆摆的两只小箩筐，只能心里默默地祈祷平安。

走走停停，历经两个月的时间，我们终于在河北省阜平县的广城停了下来，这儿就是"晋察冀边区人民银行"的驻地。

1946年11月的天气已经很冷，父母亲决定把我送进中学，弟弟们上小学，哥哥因为学习不够好，也被留在了小学。从此，我们兄弟姐妹就开始了漫长的离别岁月。

和我同去中学的还有两个也是银行工作人员的子女。我们三个由警卫员护送，行程三天到达建屏县西黄泥村。这就是从张家口撤退出来的市中、女中和回民中学，三所学校合并改名为"晋察冀边区联合中学"的驻地。我被分配在当时年级最小的初一班——人们称为小九班。

老师大多是师范大学毕业的，先后任我们班主任的是白堤先生和才24岁的江山野先生，我们称白先生为白妈妈，称江山野先生为大哥哥。设置的课程有语文、英语、政治、数理化、美术、音乐等。吃、住条件艰苦自不必说，五六个同学同住在老乡的大炕上，上课是在较大的房间或者室外，夜晚没有电灯，只能每屋发一盏小油灯，但教学尽量进行得很正规。

除了学习，我们还要参加生产劳动，支援前方。做棉衣、做棉鞋，不会也要学会，我年纪算较小的，能胜任的就是做棉衣时絮棉花。铺不平整不行，铺好不会翻转也不行。做军鞋我不会纳鞋底，更不会上鞋帮，我能做的就是负责搓麻绳。

但是就在那样艰苦、动荡的环境中，我们却生活得非常愉快，同学们和老师们的关系如同父母和兄长一般。几十年过去，我们仍坚持每年聚会，尽管有些老师、同学

小九班同学与江山野老师的重聚

与小九班的同学聚会

已辞世，但对那段往事和情谊的思念是永恒的，是终生难以忘怀的（后附回忆母校文章《深深的烙印》）。

在这里我不能不补述的就是关于我的父亲。

1947年秋开始，国民党飞机不断轰炸解放区，我的父亲因高烧被送到驻扎在河北西庄的和平医院治疗。11月20日西庄遭受剧烈的轰炸，弹片炸到父亲的肺部，一会儿，他便静静地离开了人世。至今我还保留着母亲当时写给我的信，有一封是母亲告诉我父亲住院一周了，她第二天要去西庄看望他；另一封便是将这惨痛的消息告诉我。当时我在学校，噩耗是由教导主任和我的班主任江山野告诉我的，并把母亲的这封信交到我手里。学校没有让我赶回去，我那时似乎也没想到要立刻回去见父亲最后一面，一切听学校的安排。直到1948年夏，也就是第二年暑假，我回到已转移到河北省平山县的母亲那里，才有机会听母亲对我说起父亲去世时的情况。

父亲躺在病床上，母亲坐在他身旁，飞机来得很迅猛，还没来得及躲避，父亲就被崩碎的弹片击中肺部，于是开始吐血，母亲见状急得大叫，父亲勉强地抬起手，冲着母亲摆了摆，意思是让母亲不用害怕，之后，很快就闭上了眼睛。站在他身旁的母亲完全惊呆了，怎么可能发生这样的事，她无论如何也不能相信，好好的一个人就这样突然地永远地走了。

当初父亲和母亲是自由恋爱，尽管七姨曾极力反对，但母亲没有听从。这许多年来，母亲随父亲正如七姨预料的一样：四处奔波，居无定所。父亲无数次地被捕，母亲无尽的担忧、惊恐。但她从未后悔过，那是——因为爱。

父亲曾在母亲年轻时的一张照片上写过这样一段话：

一个希望的幻想展开

在她经过沉闷的脑海

她那红嫩嫩的双颊

轻浮着笑意

笑意里蕴含着内心的欣慰

但她又故意收敛起来

呵——这也许是她心花开放的自然流露

想来，在那动荡的年月，父亲是多么地爱着母亲。然而就在他们共同生活的第十八个年头，他走了。

父亲在逝去当天就被下葬在西庄，这就是那个特殊的年代。父亲被安葬后的第二天，天还没亮，母亲便独自骑着马，赶回单位所在地，把父亲留在了那里。黎明前寒冷的早晨，山村的路很暗，很安静，只能听到踢踏踢踏的马蹄声，天渐渐亮了，村子里的公鸡开始打鸣，一路此起彼伏的鸡鸣伴随着母亲一路的行程……母亲说，自那以后很久很久她都不能听鸡鸣的声音，只要一听到，就像是回到了那个痛不欲生的清晨，回到了那一路上撕心裂肺的情景。母亲万万没有想到，从年轻时就怀揣共产主义梦想，为建立人人平等、没有压迫、没有剥削的社会一直在乐观奋斗的丈夫，竟在他刚刚迈入不惑之年时，以这样残忍的无法接受的方式，抛开了他的梦想和他最爱的妻子和孩子们，就这样突然地、一声不响地走了。

这是母亲一生最大的痛！

1948年暑期，在平山县的最后几日，只有我陪伴妈妈。小学开学了，弟弟妹妹全走了，只有小妹妹在幼儿园。经过组织批准，同意由我负责去接送小妹。一路上我骑在马鞍上，她坐在马屁股上，双手搂着我的腰。一次过河，马踩在石头上，一下踩空了，马急得“腾”地跃起，跳上岸，我心想坏了，一定把小妹妹甩下去了，还好，她依然在我背后。送小妹一个来回需要骑行六七十里地，接她时还算顺利，只是骑马磨得大腿疼，但过了几日再去送她回幼儿园时，又赶上国民党飞机大肆轰炸。

本来路上正巧路过弟弟们所在的育才小学，可以去看望他们。但飞机不停地在天空盘旋，我和妹妹没敢进村，躲在田地的一个石台阶下面。不夸张地说，这时只见满天的飞机，飞来飞去，而且有的飞机飞得非常低，我甚至清楚地看见机窗内的驾驶员，我和妹妹议论着："他们是不是看见咱俩了？"说到此也只能更紧地缩着身体，希望他们不会看见我们，因为据说，飞机飞得很低时飞行员可以用机关枪扫射，而不一定需要扔炸弹，那我们就完蛋了！

直到飞机全走了，我们才再骑马上路。

之后我一个人返程，路上断续听到有关轰炸的事，最后确定是平山县被炸了，当时听到这个消息，真把我吓坏了，担心母亲再出事，这是我经历过的非常可怕的一天。

还好母亲和同事一起早已拿上重要文件跑到村外了，并说幸亏这一天把妹妹送走，不然拖着她，跑也跑不动。

1948年间，我随学校从西黄泥村转到石家庄附近的柏林庄，又辗转至河北阜平县的城南庄，之后又折返回石家庄。

我清楚地记得我们到了石家庄市的那个夜晚，电灯亮了，三年在油灯下生活的我们居然重新看到夜晚的房间如此之亮，幸福！欢乐！我们兴奋得又喊又跳，满屋子乱跑。我想，没有这种经历的人大概很难体会吧！

1948年年底，在战火中动荡的生活暂告一段落，很快我们兄妹和母亲陆续回到北平。母亲到北平后重又见到七姨、九姨，在她失去亲爱的丈夫后终于见到了亲人的场面，我虽没亲眼得见，但能想象出母亲那一刻是一种什么心情，何样的情景，她们抱头痛哭，母亲终于把她压抑的情感倾泻出去。我可怜的母亲。

生活就是这样，未来永远是不可预知的，无论发生什么，都只能接受，必须接受，之后继续走下去。

附

深深的烙印

我和所有读完大学的人一样，经历小学、中学之后，走入大学之门，对我来说，上学的日子似乎已经很遥远，然而，在晋察冀边区联合中学（即现在的北京一〇一中学）所度过的时光，给我留下了最难忘、最深刻的印象。

1946年至1949年，我和我的同学们朝夕相处，经常是五六个人睡在一条炕、吃在一个锅里，那时年纪小的仅仅十一二岁，大的不过十五六岁，战争让我们离开城市，在河北农村西黄泥村度过我们的中学时代。

当我看到现在的中学大都是高高的教学楼、亮堂堂的教室、宽敞的操场，每个同学拥有一张课桌，好纸印的课本，各种高档的笔记本、钢笔、圆珠笔，应有尽有，便不由得想起我们那个时候，我们有的只是每人一个马扎，我们用的纸比现在的普通卫生纸还要粗糙，还要黑，笔记本只是自己用线订制起来的。记得有一年学校特地制作了一些简易的类似大马扎的桌子，郝人初校长在全校大会上做示范，告诉大家如何打开和收起马扎，他为给学生制作出这样好的课桌而感到满意，他那种掩饰不住的喜悦神情，不知为什么，永久地留在我的记忆深处。

每当夜晚，我们一个屋的几个同学便会围坐在小小的炕桌上做功课。一盏小油灯放在桌中，有时因为凑得太近，一不小心就会把额头前的头发燎焦。

我们常年吃的是小米饭、煮白菜、熬萝卜，我记得我最不爱吃的是水煮西葫芦。有一段时间前方战事紧张，我们还吃了一阵发酵的黄米和山上的野菜。每次吃饭都由值日生拿菜盆去打饭，一个小组围坐在地上吃，常常快到吃完时，我们非常喜爱的老杨师傅会高声喊：“添——菜！”那拉长了的呼唤声立即引起一场欢笑，各组拿上盆抢着去添菜。至今，我们老同学坐在一起，一提起“添——菜！”仍会引得哈哈大笑起来。

每到黄昏时分，各班都在村头或者场院集合起来，一来是清点人数，二来是老师或班长有什么事可以交代一下，之后是自由活动时间，那就是我们尽情歌唱的时刻。

我所在的九班在西黄泥村的时候，是年龄最小的班，也是最热情的班。在闫云开的指挥下，常常是唱了一支又一支，她的个子小小的、圆圆的，指挥起来又带劲、又好看，有时竟能一口气唱二十多首歌，真不知道哪来那么大的兴致和劲头。

当时学校文工团赶上一个专业的文艺团，从延安来的苏浙、王亚梅、刘漠、江雪等老师负责，像《白毛女》、《周子山》、《王凤鸾》、《宝山参军》等大小歌剧、秧歌剧全演，那时，在剧中扮演角色的有老师、也有学生，像罗林、江林、李焕德、王佩今、林汝为、祝英等都是我心目中的明星。我常痴痴地站在场院里看他们排戏，看他们演出。我被戏中的情节、演员的激情所感染。当时我几乎把每个角色的歌词全能唱下来，至今歌词还记得很多。

我幼时曾随姨妈度过几年的时光，姨妈家是开诊所的，日子过得相当优厚。记得我常被请去参加别人的婚礼为新娘拉纱，后来父母亲想到解放区来，不忍心把我丢在国统区，一定要把我要回来。父亲李盛忠1926年在旅顺参加共产党，一直从事地下工作，生活虽然颠沛，但我一直在父母身边，1946年我到晋察冀边区联中时还不满12岁，自然也很娇气、任性，但是在那样的一个大家庭中，不管你情愿还是不情愿，自觉还是不自觉，总要受到熏陶和感染，在我们的同学中有不少生长在农村的孩子，像王世平纳的鞋底，一行是一行，密密麻麻，整整齐齐，手艺之巧，真是令人望尘莫及，在生产劳动时，我就是再卖力气，也只能当个搓麻绳的小组长，把自己的小腿搓得连一根汗毛都没有了。

学校教给我劳动技能，使我有了一双能干的手，有了不惜力的身体，这让我在日后几十年的生涯中受益匪浅。

在学校里，对我来说，最重要的是发生了一件永远不可能忘记的事情。那就是我得知在河北阜平晋察冀边区人民银行工作的父亲，在国民党飞机的轰炸中牺牲了，他永远地离开了我们。当我听到这个消息时，真是无法接受，心中非常难过。但当时的校长、张迅如主任、江山野先生以及所有的同学都给了我无限的关怀，使我没有提出要到母亲那里去探望她，而是留在学校里安心地学习，直到第二年暑假，我才去平山县看望母亲，并和母亲痛哭一场。

我的三个弟弟李力夫、李维立、李平从华北育才小学毕业后，都陆续进入一〇一中学。“一〇一”不仅是我的母校，也是他们的母校，在这里我特别要提到我的大弟李力夫，因为他已经永远地离开了我们。他是55届高三一班的学生，毕业后考入北京航空学院，1960年被分配到宝鸡现国营宝成通用电子公司工作。当时正值苏联专家撤走，李力夫全身心地投入到科研工作中，兢兢业业，精益求精地钻研业务，做出了突出的成绩。在他的带领下，公司研制和开发了用于航空仪表通信以及列车轴温报警器等一系列科研产品。他本人也发表了诸多理论文章，于20世纪60年代、80年代分获“技术能手”、“先进工作者”、记一等功等荣誉。但终因长年辛勤工作，积劳成疾，于1996年年初不幸病逝。就在他去世的前一年，他曾来北京，见了江山野先生一面，因为当时李力夫的身体已经很差，走路吃力，是江山野先生骑着自行车特地赶到我家来看望力夫的，我们一同共进晚餐。席间我弟弟十分抱歉地说：“本应该学生看望老师，哪有烦劳老师来看望学生的。”这位教过我，又曾教过他的老师笑道：“谁让我非常非常地想念你们啊。”当时谁也没有想到这竟是他们师生见的最后一面。

我知道在力夫心目中“一〇一”是具有特殊意义的，他在这个校园度过整整六年时光，一切都是党给予他的，他总是觉得自己做得还不够好，因此不好意思返校。他总是说：“我要做得更好些、更多些，那时再去看看我的母校。”然而，还未来得及他就去世了……

我和一〇一有着这样多、这样密切的联系，一〇一在我心目中同样是有着特殊意义的，同样是永远不能忘怀的。

我爱一〇一，我感谢所有的老师，也代表我的弟弟感谢所有教过他的老师，母校给予我的是那么多、那么多……使我懂得生活，使我热爱生活，热爱我的事业，使我能做一个有益于人民的人。

——选自《北京一〇一中学》

四、理智败在情感下的失误

为什么我要谈到失误?

因为失误使我纠结和损失了四年多的青春时光。

因为失误使我在选择终身职业的路上走了弯路。

1949年,晋察冀边区联合中学已更名为华北育才中学，进驻北平后，男女分校，男生归师大二附中，女生归师大女附中，后全部改为现在的北京市一〇一中学。我们经过一个学期的学习，结束了中学生活，我拿到师大女附中校长彭文为我颁发的初中毕业证书。

那时同学们都有一个明确的目标，就是全国解放了，应该全身心地投入到建设祖国的行列里，于是工程师成了同学们的理想。这时组织上安排保送全体毕业生赴哈尔滨工业大学预科学习。预科相当于高中，读三年后转入本科学习，小九班的同学们为此兴奋不已。可我怎么办呢?

我一直都喜欢文学，在河北省平山县过暑假时，正巧母亲在图书馆负责管理工作，虽然存书有限，但也足够我享用。我天天看书，记得母亲曾以责备的口吻说："你这孩子怎么这么不好动，也不出去玩，天天囚在这屋子里看书。"

因为喜欢书，喜欢文字，我确实十分犹豫，在初中时一直想学文学，同学们还开玩笑说："将来当个文学家吧。"

最终因大部分同学都要去哈工大，只有个别同学留下来上高中，我想来想去还是做了随同学们一起去哈工大的决定。原因只有一个：舍不得离开朝夕相处三年的同学。

明明知道自己不喜欢学工，却又无法忍耐与情同兄弟姐妹的同学分离，这是我人生败于情感的一次失误。我时常会因为情感的困扰而纠结，可能和我儿时特殊的成长

小九班进城后合影　右一：李苒苒　1949 年

经历有关。记得还有一次是在1965年，我在山西省大同市阳高县参加“四清运动”。我和导演系的学生胡葳葳同住在一个单身老大娘家，和她住在一铺炕上。大娘对我们不错，只是她的家离我们工作的大队办公室较远，忽然有一天，胡葳葳告诉我，她已经找好了另一家住处，离工作地点也很近，她已经搬走了，让我也赶快去搬行李。“啊，你都搬完了？”我清晰地记得那时的我，站在路口，搬？还是不搬？我本也希望工作方便点，但又想着孤苦伶仃的大娘会不会因此而难受？于是我走两步，又回来，走过去，又走回来，这种犹豫不决的心情实在很折磨人。当时我对自己这种心境甚至有些吃惊，我怎么会这样？最后我没有搬，又住了几天，胡葳葳不断催我，我才下决心搬了，可以想象我和大娘说搬走的时候，是什么样的情景。

这就是我。

1949年年初，我再一次告别了母亲，踏上奔赴哈尔滨的火车。

哈尔滨工业大学是一所教学基础非常好的大学，预科的建立也极其正规。教师里

在哈尔滨工业大学　1953年

有许多俄罗斯人，他们是沙俄时代逃过来的贵族，被称为白俄。这些教师完全用俄语授课，不说中文，包括数学的1到100；最后物理课做实验，步骤和实验结果学生都要用俄语讲解，上课回答问题自然也是俄语。这样逼得你天天要背俄语单词，不然根本没办法正常学习。在那里，我学习了工科的各种课程，如物理、化学、高等数学、投影几何、工程图、去工厂实习等，刚到哈工大读预科的一、二年级时还学习了语文课， 到了高年级就没有语文课了。

哈工大的生活开始时还是很艰苦的，大食堂基本上吃的是高粱米饭，到了冬天菜很少。印象很深的就是可以上街买哈尔滨红肠，衣服口袋、书包里时常装着半根，想吃的时候咬上两口。

那时从哈尔滨到北京需要乘车27个小时，冬季火车不知是否因为没有暖气，车厢里非常寒冷，学生当然只能坐硬座。所以到寒假时我经常不回家，年年暑假回京一次，见见母亲、姨妈和兄弟姐妹，这样分离的生活对我来说已经习以为常了。

记得第一个学期过后的寒假，我没有回北

京，而是随学校宣传队到哈尔滨郊区的耿家村参加文化活动。大马车拉着我们从冰河上走过，开始我们都担心假如冰开裂，人、车掉下去怎么办，老乡说："放心吧！冻得可深了呢！"当地人早已经习惯，对我们来说却是神奇的事情。

在村里我们和那里的年轻人联欢，表演节目。我们走时，村长一再挽留，但我们是需要按时返回学校的。在语文课的作文里，我记述了这一次下乡活动，受到老师的表扬，还让我在全班朗读这篇文章。和我同去的一位男生过后很奇怪地问我："我怎么没你那么多感受呢？"我想，这可能和我在晋察冀边区农村呆过那两年有关系，或许和我虽然平时不多话，但内心却有着十分丰富的情感有关吧。

哈尔滨的冬天十分寒冷，哈工大的体育活动非常活跃，每年都会召开运动会。校内有很大的溜冰场，在那里我学会了滑冰，滑得还不错。一次参加冬季运动会，参加两项速滑比赛都得了名次。

哈工大的学生经常集体去看电影，那时苏联的电影《马克姆三部曲》、《教师》、《钢铁是怎样炼成的》等我都看过。还有国产电影，如张瑞芳主演的《松花江上》，于兰主演的《翠岗红旗》都给我留下了很深的印象。

一次我们三个女生同行去看电影，其中有一位大概穿了一双鞋底很滑的鞋，没走几步就滑倒了。开始，她每摔一跤我们就笑，她自己也笑，我们拉肩搭背地扶着她，结果她还是摔倒了，差点把我们也拽倒。当我们忍不住再笑时，她却突然哭了起来，吓得我和另外一位同学再也不敢笑了。

在哈工大的时光，学校除了必须学习的课程，也有许多其他活动。如抗美援朝时期，我们曾停课"炒面"支援前方。"三反""五反"等政治运动中也有各种宣传工作、演话剧等。我知道自己有所欠缺，但又极爱参与这样的演出，因此别人朗诵大段，我念词少的，别人争取主要的角色，我去演个配角，但即便这样，也甘之如饴。记得一次演出，我站在台上由于过于投入地看戏，轮到我说台词时竟完全忘记，直到同台的女演员用眼睛提示我，我才猛然想起该我说话了。

当时我并没有明确的意识一定要做演员，只是非常厌倦听那些理工的课程，上课时，不是偷看小说，就是偷着写文章。当时只有一个强烈的愿望，什么时候不让我再听这些课，只要能学点别的，无论做什么都可以。

我一直有记日记的习惯，1947年、1948年留有很小的部分，从1951年开始直到现在，虽然中间略有间隔，但一直坚持着、保存着。此时翻开日记，唤起我许多回忆，有些细节甚至早已忘记，在日记中依然可以无数次看到当年我对学工科的纠结。这儿我选择了两篇当年的日记，就可以窥见我当时的思想状态。一篇是1952年11月20日在父亲逝世五年的祭日里写给父亲的一封信，另一篇是1953年记的日记。

1952年11月20日

亲爱的爸爸，我已经许久没有这样称呼您，没有给您写信了。我们分别已五年，但我时时刻刻都没有忘记您。几年来妈妈和我们走过许多地方，最后回到了您曾经被捕过的地方——北平，它现在已经成为新中国的首都北京。而我却到了哈尔滨，这您万万不会想到吧？在这里，我将要成为人民的工程师，这可能是您最期望的吧。五年前我是个不懂事的孩子，如今的我已经长大成人，想到小时候因为我学习好而博得您的喜欢，这点是我仅有的让您开怀的表现吧？可是现在，您看不到女儿的时候，她却落后了。爸爸，我很惭愧。我并没有像您想象的那样，成为您孩子中最好的一个、最聪明的一个。我现在在哈工大学习，老实说，爸爸，我对它没有兴趣，直到现在，我和您这样老实地说出来，我经常在做思想斗争，这是妨碍学习的一个原因。我知道这样是不对的，再说人民需要我做一个建设人才，可我没有办法控制自己不去想这个问题，我一想到这个问题就非常痛苦。我应该解决这个兴趣问题，爸爸，我不愿意辜负您的期望，愿意做到您期待的那样，坚定地革命，为人民服务。

您，亲爱的爸爸，让我如何来称呼您才能表达出我对您的思念和爱呢？

您心爱的女儿玲玲

如若不是此次有机会翻开以往的日记，我确实早已忘记还有这么一封无法寄出的信的存在，现在想想，当时是多么苦闷，无人好诉说，才会给自己早已逝去的父亲写这样一封信，现在，当我翻看这篇日记时，还觉得有些心酸，心里很不是滋味。

所以当我有了儿子、孙女的时候，我对他们选择职业的态度只有一个原则，那就是尊重他们的意愿，绝不干预。因为那是一辈子的事，不管能力大小、不管什么职业，只要自己喜欢，就会全力去做好，而不会在痛苦纠结中度过人生最宝贵的时间。

第二篇日记是暑假回北京和母亲交谈后，返回到哈尔滨后写的。

1953年9月15日

像我所料想的一样，解决兴趣与专业的矛盾的过程是不能使人痛快的，妈妈甚至提出要和我脱离母女关系，想用这个恐吓我？也许我说得过于严重。可谁让我来哈工大了呢？我只能蹲在这里了？可我又不想为了母亲的制止而放弃自己的志愿。在这新社会里，怎么还会有使我这么痛苦的事呢？

这篇日记证明了直到1953年，在母亲那里我没有得到一点点的支持，反而给我施加了如此沉重的压力，可想那时我极度郁闷的心情，苦命的我呀！

我最终熬到了1954年6月。与我同去哈尔滨的九班同学和许多后来在哈工大学习过程中结交的好友，都陆续去留苏了，学校本来已经批准我参加留苏考试，但突然又以学习目的不明确，不愿意学工为名，除掉了我参加留苏考试的资格。可想，当我得知这个消息的时候，积压已久的想法再也抑制不住地爆发了。此时，我下定决心：改行！

在没有给母亲任何信息的情况下，我自己做主写了一封详细的退学申请书，先递交人事处，他们不批，因为他们说我已在本科机械系读完一年了，放弃学业很可惜。我又将报告直接递至校长处，李昌校长竟然批准了。这时我才发了电报，告知母亲我已退学，即将回京。

后来据说母亲为此哭了好几次，当然，没有再提脱离母女关系之事。而我就像被松了绑一样，不顾一切地离开了哈工大，轻松地踏上了回北京的火车。

以后的路怎么走？不知道。但我知道我获得了自由！

在哈工大，除了我所在的九班的同学，我结识了许多新朋友，他们后来大多去苏联留学了，回国后我们依然有联络。我和他们一起走过15岁到19岁的青春岁月，虽然我是在纠结中度过了那几年，就专业而言，可以说浪费我的精力和时间，的确是我一生中的遗憾，但在那里，增加了我的阅历，并吸取了另外一个领域的知识，尤其是结交了一生互相鼓励和支持的好朋友。他们都坚持学工，并在自己的本职工作中取得了优异的成绩。其中有清华大学教授、部级领导、行业专家，都是极端负责、乐观、正直、善良的人，他们都在各自的领域里为国家做出了积极的贡献，我从他们身上学习到了许多东西。虽然我们不在一个行业，但半个世纪过去了，这珍贵的友谊经年长存。他们中间有喜欢过我的，也有我喜欢过的，我们在一起度过了青涩欢快的年华，至今，我们虽都已七老八十、子孙满堂，却能时常相聚，畅谈过去，欢乐起来就仿佛回到了学生时代，回到十几岁孩子的快乐时光。

哈工大同学聚会 2013 年

五、像海绵一样地吸取

当我提上铺盖，义无反顾地回到北京时，最着急的自然是母亲。二十世纪五十年代和现在不同，一个人若没有了单位，没有了学校，就如同脱了线的风筝，像是漂泊在无人管的海洋上，如何了得。母亲虽急，但事已至此，她真的没有过分责备过我。

可怜天下父母心。

母亲开始为我奔波，寻找门路，上学是不可能了，因为那时和现在一样，上大学需要参加统一高考，而当时已经错过了考试时间。找工作，19岁的女孩子能做什么？又肯做什么？

我的希望很简单，但也不易，就是文艺团体，或和艺术有关的单位。我不知道母亲费了多少周折，总之最后给了我两个选择：一是中央戏剧学院，二是总政话剧团。听起来，太棒了，可惜不是做演员，而是做俄语教员。那时正是学俄语热的时候，和现在都想学英语一样许多人热衷于学俄语。

母亲说："幸亏你在哈工大俄语学得不错，要不在哪儿给你找工作去，就先做俄语教师吧。"

说实话，我这辈子也没有想过要当老师，更不要说是做俄语老师。此时，去，也得去，不去，也得去，别无选择。

最终我选择了去中央戏剧学院，因为我觉得在艺术院校里我总可以学习到东西，如果到剧团，谁会教我？我当时非常明确的一点是，像我这样一个外行，要想从事文艺工作必须学习。这样，19岁的我成了大学的一名俄语教师，开始了我的教学生涯。

事实证明我这个决定是正确的，在中央戏剧学院期间，我像海绵一样如饥似渴地吸取营养，丰富我自己，这对我后来的学习和工作起了至关重要的作用，使我受

中戏期间留影　1955 年

益终身。

当时中戏的翻译组有许多工作人员，组长是张杏云，非常好的人。该组除了要为请来的苏联专家做翻译工作外，还负责翻译教材，如斯氏体系等资料，同时还有教学小组，负责学生的俄语教学工作。有两位主讲老师，其中一位是白俄老头，他上课时我替他翻译，有时我也独立上课。主要是给导演系、表演系及舞美系本科生上课，对我来说没有太大的负担，可以承受。

事实上，真教起来并不像我想得那么简单。

开学后不久，我就在日记里写道：“不教人，不知教人难。”

还有一次写道：“看到我所教的学生免修俄语课，我为什么那么伤心呢？”

本科学生自然更重视专业课，不喜欢外文，忽视副课本来也是正常的，但我竟会为此感到不痛快。学生中不少和我同岁，也有比我大好几岁的，一次我给舞美系二年级上课，具体什么情况早已忘记，只记得一位男生成心刁难我，我站在讲台上被气得强忍眼泪，差点没当着全班学生的面哭出来，现在想起来真有些可笑。

尽管我去中戏工作的目的是要学习表演，准备考试，但我这个人还是属于比较认真负责的。工作了一段时间后我甚至对教学内容、方法有了自己的看法。在日记里我曾经提到：“教学不能这么糊里糊涂地进行吧？课程内容永不改变，总是那些死板的正式口号，讲什么‘五四运动’全篇一律是政治理论，中文都记不住，何况俄文的那么多陌生的单词呢？如果要了解政治，看中国报纸就好了。教学的目的不就是日常运用么？短文中几乎没有故事性的，我真不明白为什么不注重生活用语？教学呀，教学，闭着眼也就能混过去了，可是这是不对的呀，二年级的课程我要参加选材。我将来才不做教学人员呢，无聊，烦人的事太多，我的火大呀，真的不能忍受。”

这是我1955年11月24日的日记，现在看起来对教学工作还真是很认真，很有想法呢！

在这段工作期间，我还大胆地独自完成翻译了一个苏联现代多幕剧《在幸福的时刻》，还投稿给了一家出版社，虽然没有回音，手稿也因此不知去向，但我却没有因为遗失手稿而感到过多的遗憾，我很明确自己的目的，一是想通过翻译深化俄语学习，二是学习和熟悉剧作。

当时中戏聘请了两位苏联专家，一位是导演列斯里，他招收了著名的导演干部进修班，另一位是负责表演教学的库里涅夫，他招收了表演干部进修班。

这两个班的学员都是来自全国各省市话剧团的骨干导演和演员，也包括了部分电影演员，如于蓝、田华都在表演班进修。

1954年招收表演班时，学校派我协助工作，整整六天的考试给了我极好的学习机会，观看了专家的考试出题，看了无数著名演员的朗诵、表演，至今仍记得姚向黎表演的俄罗斯戏剧家奥斯特洛夫斯基的《大雷雨》中卡捷琳娜的独白，也许是她那略带忧郁色彩的气质符合人物形象，她的表演给我留下深刻的印象。专家库里涅夫也喜欢，对那种只注重外部形式而没有真动情的表演，他就会表示没有兴趣。一位某话剧团的有点名气的演员演完之后，他悄悄问我：“听说她是他们话剧团的名演员？”

我说：“是的。”

他说：“那还是留给他们自己吧。”果然她没有被录取。

有意思的是库里涅夫非常喜欢我，也许是因为我会俄语能和他交流，也许是一种缘分。他听说我想当演员后，对别的中国教员说我有做演员的天赋，因为他观察到我在看别人表演时的神态十分关注和认真。他还说愿意教我，并要求校方把我调到他那儿去工作。学校因为我有教学任务，自然不会同意，这使我感到非常的遗憾。

库里涅夫的这种认定鼓励了我，坚定了我一定要在1955年投考表演系的决心和信念。

然而事实上事情并不像想的那样美好。人和人之间存在着不同的感受、喜好和观念，当我第二年参加考试时遭到了另一位苏联专家列斯里的否定。

本来一试和复试已结束，等待发榜，据说是为了要给列斯里看又组织了第三次考试。

三试时我表演了《罗密欧与茱丽叶》中茱丽叶的独白，专家看完之后，提出让我用俄语朗诵一首诗歌，我真的没有准备，也没有想到过考试会有这样的要求，我只好说："我没有准备，我不会。"

是否因此而使他不悦，还是有别的原因，我不敢肯定。后来听其他老师说我初试和复试考得还不错，但是据说列斯里更喜欢热情奔放型的，而我则属于过于安静和内向的，也许是这样吧，反正最终我被刷下来了。

准备了将近一年时光的考试就这样败下阵来，我很伤心、沮丧和失落。

做演员的希望成了泡影，下一步该怎么办呢？

我考虑过改学文学、新闻，甚至还想过去做一名侦查员？或学美术？当时真有不少同事关心我，一位舞美系的老师说："你把左手摆在桌上，右手画它，我看看。"依他说的，我画了。画完之后他说："干嘛非要学表演，你画画比有些考生画得还好呢，考舞美系吧。"可我想我一个女学生学这个，不就得在后台搬来搬去，大布景也搬不动呀，不能下这个决心。总而言之，1955年夏之后，我又处在一种动荡不安的状态中。

在中戏工作时给化妆教师拍的作业

学校和翻译组领导一直对我不错。他们说："先留下来工作吧。"

那时我的工资待遇是按大学毕业生的助教待遇，每月56元，生存不成问题，母亲又不在身边，于是我继续留任做俄语教师。

1955年，导演班、表演班进入大戏排练阶段，无论是他们的排练、演出，还是本科生的片段演出，如博马舍的《费加罗的婚礼》、屠格涅夫的《村居一月》、奥斯特洛夫斯基的《没有陪嫁的女人》等。凡是他们演过的我都去图书馆把书借出来看原著，中戏的图书馆藏书非常丰富，那时的院长是欧阳予倩，专家治校，学术气氛非常好。导演干部进修班的大戏有李丁和潘予主演的《一仆二主》，潘予和刘伶主演的《柳鲍夫·雅洛娃雅》、《桃花扇》，还有他们演出的独幕剧《葛麻》、《秦香莲》，表演干部进修班于蓝主演的高尔基的《小市民》，田华和稽启明主演的《罗密欧与茱丽叶》，方鞠芬主演的《玛申卡》、《暴风骤雨》等等，看了又看。小说、剧本，托尔斯泰的和巴尔扎克的，契诃夫，普希金的等都看。那时是我观看、阅读戏剧作品最多的两年，是我如饥似渴学习的两年，我始终感谢中戏让我有这么好的条件和机会，学习和吸收知识，丰富了我，也锻炼了我。

中戏期间留影　1956年

那一时期我也遇到许多好人。

导演干部进修班的沈阳军区话剧团的导演刘伶、广东省话剧团的潘予，本科生后来留校做老师的金乃千，上海青年话剧团的孙吉祥，翻译组的夏利民、付晓航，他们都在我思想不稳定的时候给予我真挚的鼓励和帮助。潘予让我在她导演的片段里演戏，其实我知道那时我不会演戏，她只是为了给我一个机会帮助我。刘伶对我说："职业的选择对年轻人来说，十分重要，不要轻言放弃，为什么不大胆地再试一次呢？"

当我再次提出报考时，校方及翻译组的领导张杏云居然也热情地支持了我。

因为我考虑到1955年中戏没有录取我，1956年的考试我便没有报考中央戏剧学院，报的是上海华东分院（就是现在的上海戏剧学院）和北京电影学院（这是北电第一年招收本科生）。就在我已取得华东分院的准考证准备赴上海考试时，教务处主任王负图老师找我谈话，建议我不要去上海，鉴于去年考试时的特殊情况，中央戏剧学院今年肯定会录取我，表演系的高兰老师也表示了同样的态度，于是我放弃了去上海，而重新报了中央戏剧学院为第一志愿，这次考试我没告诉母亲，更没有让姨妈知道，自己的事情，自己做主。

在北京电影学院的考场上是苏联专家卡赞斯基主考，初试我朗诵的诗是闻捷的《爱情》，独白是契诃夫的巨作《万尼亚舅舅》中索菲亚的独白，寓言是克雷洛夫的《乌鸦与狐狸》。记得卡赞斯基出的小品题是在市场里把弟弟丢了，当时觉得周围没人，怎能感受到是在市场呢？因此很快我就演弟弟没了，寻找，大喊大叫，就下场了，演得不太理想，也没抱太大希望，但复试榜上居然有我名字。复试时，我只朗诵了寓言《乌鸦与狐狸》，专家便给我出题，他说，我在讲这则寓言时，越讲越觉得可笑，最后要笑到不可收拾。当时我一听，心里想这可糟了，都知道笑比哭难演，正发愁时，幸好专家说了一句非常关键的话："你要想着这两个形象，你们不觉得他们很可笑吗？"这句话提醒了我，救了我。

于是我没有按照寓言本身的台词讲，而是用自己的语言像讲故事似地讲，狐狸怎么偷偷走过来，看见奶酪后如何如何的垂涎三尺，而乌鸦叼着奶酪，如何的得意，如何的傻，之后我真的笑了，自己笑得直不起腰来，在场的考官也全都笑了。

我知道我考得不错，专家喜欢我。

这次考试正巧赶上中戏的张守维老师（电影《白毛女》饰演杨白劳的演员）也到了考场，他看我考得不错，下来后对我说："考中戏吧，今年一定要你。"后来我才知道张守维老师要带中戏的表56班。据说1957年他被打成右派，生活得很不愉快。在心里一直记得他对我的认可和肯定，一直非常尊敬他。

但那时普遍认为电影学院似乎更难考一些，虽然几天之后我也参加了中戏的考试，但当我全部考完之后，心里有了一定把握时，我把电影学院改为了第一志愿。

考完中戏、北电之后，正值戏剧学院领导组织表演系部分师生由冉杰老师带队，赴福建演出，时间是1956年7月20日至8月25日，正是放暑假及等待发榜的时候。学院安排我与宣传队同去协助工作，我非常高兴，此行是我有生以来第一次去南方。沿途演出，路经江西鹰潭，福建的邵武、南平、永安、漳州、厦门、福州，最后还路过南京，参观了中山陵。在演出过程中大家受到群众和战士们的热烈欢迎，常常是乘汽车连夜辗转，虽然很辛苦、劳累，但大家的干劲十足，使我深受感动，我真心地感激校方又给了我一次非常好的学习机会。也正是在那里，我接到翻译组长张杏云给我写的信，她告诉我已收到正式被北京电影学院录取的通知书，她祝贺我，并说电影学院之所以录取我，据她听到的理由是说我有一种特殊的个性，和别的女孩子不一样。她鼓励我要保持下去。收到这样的一封喜信，我的心情可想而知，我是真心地感激她一向对我的支持和鼓励。

刘伶因为我考上电影学院，还特地请我在王府井花了四元钱吃西餐。现在听起来四元钱太便宜了，但要知道那时候大学食堂每月的伙食费才十二元五毛钱。

当我离开中央戏剧学院时，还真有点舍不得，舍不得那样好的学习环境，舍不得一起工作过的同志们，以及那些与我年纪相仿的学生们。我从来没有后悔过在中央戏剧学院度过的那两年时光，我很珍重在那里得到的关怀和友爱。

许多朋友和老师尽管很久没有再相见，现在他们中有的甚至已经离开了人世，但我对他们永怀思念与感激，他们永远留在我的心中。

六、第一届本科生的幸运与遗憾

1956年，我幸运地成为北京电影学院第一届表演系本科生，梦想终于步入了付诸行动的阶段。以往的两年更多的是看、读，是自我储备的阶段，并没有太多的亲身体验的机会，而表演艺术是感受的艺术，是实践的艺术。

如何度过这四年的学习生活，毕业以后又将是怎样的情景，一切都是未知。不过我非常清楚的一点是，如果我希望将来有机会走上银幕，那就必须努力学习、掌握表演技能，否则美好的梦想必将变成泡沫式的幻想。

在电影学院四年的学习，以及后来的教学与艺术实践，使我进一步地意识到演员职业所具有的特殊性，课堂教学只是学习表演基础的一部分，更重要的是我们必须对"人"有深刻的认识，包括对我们自身的探究。演员是要演人的，因此演员在学习过程中读书是一方面，更重要的是需要增强对社会、对生活、对人的观察、认识和理解。演员只有使自己变得丰富而复杂，才有可能塑造出不同的人物性格。

大学生活的开始 1956 年

对初学者来说，课堂教学当然很有必要。生活中只要是正常人，不疯、不傻、不癫，任何一个人都知道如何对待周围的人和发生的事。然而这一切搬到当众情况下，在虚假的设定下，重现人物的自然状态及合乎逻辑的行为时，却会变得不自在、不准确，不是所有的人都能立刻做到，因此需要经过一定的训练，包括要改变自己多年形成的形体、动作、语言的习惯等，使之更具有表现力和吸引力。这一切，我们称之为表演的基础训练。

表 56 班与苏联专家卡赞斯基合影
中间左起：卢梦　钟敬之　卡赞斯基　肖龙　吴印咸　史宽

幸运的是我们入学时得到了最好的条件及较为全面的学习机会。

当时电影学院的院长是著名的戏剧家、导演章泯，大部分教师都是从戏剧、电影岗位上调来的专业人才。学校设施完善，有舞台、教室、剧场、摄影棚。有从舞台、摄影等各个行业调来的教学辅助人员。

专家治校、内行管理，因而说我们是幸运的。

我们是第一届，所有在校老师几乎都给我们上过课，我始终认为学生面对的老师越多越好，可以从众多老师那里吸取各种营养，而不是四年下来只面对一个老师。可以说因为我们是第一届，所以我们从专业教学中享受到了最优厚的待遇。

第一年正值学院请来苏联专家卡赞斯基为表训班上课、拍戏，我们56班也因此沾光，他给我们上了一年的表演课。老师们对我们的要求十分严格，第一学期结束时有

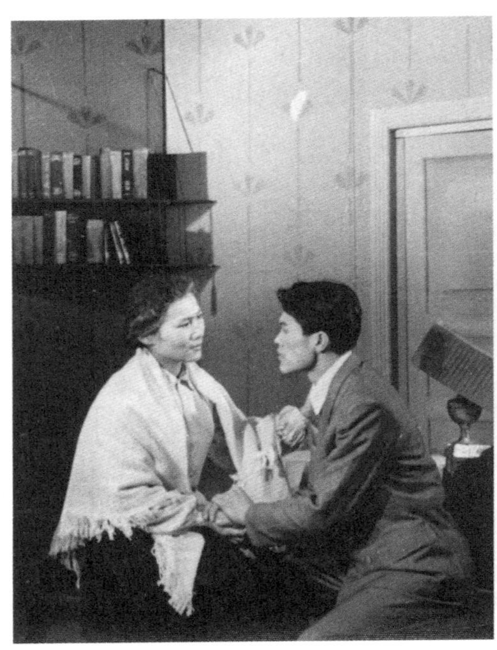

毕业话剧《普拉东·柯列契特》剧照

毕业话剧《雷雨》剧照

六名同学被认为不适合做演员而被淘汰除名，走的同学自然十分难过，但校规谁也不能违抗，说明当时的教学是多么的严格。

第三学年时，又有一位苏联女专家潘科娃到学校执教，她亲自为我们排演了苏联当代多幕话剧《普拉东·柯列契特》，这个话剧在当时的苏联戏剧界里是非常有名的作品，马精武饰演普拉东，我在剧中饰演普拉东的母亲。而与此剧同时排练的是我们另外一个毕业剧目——曹禺的名著《雷雨》。马精武饰演大少爷周萍，我饰演繁漪。这是两个完全不同的人物：国度不同、时代不同、年龄不同、人物性格也不同，这使我在表演技能的提高上有了明显的进步，也是我在校学习期间的得意之作。我很感谢我的老师们。

第三学年的第一学期我们排演了根据赵树理的小说《锻炼锻炼》、《胡琴的风

电影片段《党的女儿》剧照　1958 年

波》改编的独幕剧，为了配合宣传，我们还赶排了多幕话剧《党的女儿》，马精武饰演秀英爷爷，我演女主角玉梅的二姐——一个胆小不敢参加革命的农村妇女。这部戏被安排到房山县去演出，记得当时舞台和观众距离很近，一群孩子扒在台边，底下乱哄哄，那是我们第一次经历这种场面，为了让观众能听见我们说的台词，根本顾不上什么课堂上所要求的体验和表现，只要能压住台个个都扯着嗓子喊。直到最后台上一声枪响，玉梅倒下的瞬间，台底下才彻底安静下来，是被那枪声震住了。事后回忆起来虽然可笑，但也算是一次有助于我们实践创作的体会吧。

第四年则是影片拍摄、实习的教学阶段，导、表、摄三个系联合作业，由导演系、摄影系的老师亲自指导。这一年我们共拍摄《穿山巨龙》、《父子俩》、《大木匠》、《目标向前》、《金山银水》等六部短故事片。

这样的教育程序和安排，这样完整的拍摄设施，使每个学生都有机会进行实际拍摄的锻炼，导、摄、演环节全部由学生自己操作，这样的联合拍摄一直持续到1965

电影片段《党的女儿》工作照　右一：张客　1959 年

短片《春节前后》剧照　1962 年

年。我后来还参与了导演系58班王好为等导演的短故事片《春节前后》，饰演女主角大姐娃，导演系59班许雷等导演的《挡马》，其中郭宝昌饰演恶地主，我演被地主撞死的可怜的佃户，那是我和郭宝昌从事艺术创作的第一次合作。马精武参与了导演系59班的短故事片《搭桥的人》，饰演男主角，得到导演系田凤老师的亲自指导，这样的机会多么难能可贵。现在想起这些，依然十分感激学校给予学生这么好的实习机会、设备和条件。现在，学表演的学生到了高年级，放出去自寻实践机会，如果没有，也只好作罢，和那时的情景已完全不同。

四年里我们对教学也有些不同的感触。在一年级的基础训练过程中，由于完全遵从苏联斯坦尼的教学程序，第一学期进行的是真听、真看、真感觉的元素练习，之后是个人小品阶段，期末考试大多是个人小品。只允许有极少数的的双人小品。第二学期是多人小品。第二学年才进入到片段的排练阶段。而我们知道个人小品很难做得有意思，因此上课时会觉得很枯燥、无聊。记得我在班里是最早被通过可以参加考试的，一个人上台，将被子拆了，做成红旗，准备迎接解放，最后用被子裹着孩子下场。这是一个情节，在考试前只要是让我上台，我就做这个个人小品，做几次后，自己也烦了，而别的同学常常是想不出有意思的事件，一个人在台上磨叽没完，同学们在台下看得也很厌烦，没有兴趣。这样的安排确实繁琐，进展慢，课堂上很难调动学生的创作热情，后来我在自己的教学中基本上去掉了个人小品阶段，也没有无实物练习及动物模拟的训练，我认为解放天性的方法很多，未必一定要用这种方式。动物的交流、反应必定是迟钝的，没有人与人之间那么敏锐、复杂。因此在后来的教学中，我从不采用动物模拟训练，据我所知有些老师现在还保留着这种训练方式。表演教学本身就是十分灵活的、多元化的，因此我不反对其他老师运用此方式进行演员训练，只是我不用。只要能达到使学生初步理解和掌握表演技能的目的，运用的手段和渠道应是多种多样的。

著名摄影师吴印咸拍摄的照片　1960 年

片段《三里湾》剧照

我们的第二学年进入片段教学阶段，可选取的教材很多、很丰富。我记得我演《三里湾》里的小俊，为了要买件新衣服坐在地上哭着耍赖，赵树理笔下的人物非常生动、有趣，由衷地感激他描写了那么多活灵活现的人物，为表演者提供了宝贵的创作素材。

二十世纪五十年代在抓业务的同时，和当今有所不同的是那时的政治运动较多。

我们入学不久开展“忠诚老实运动”，每人必须交代自己有过什么别人不知道的不老实的言行。之后很快又开始“大鸣大放”，号召大家提意见。再之后就是“反右”，每个班都有同学被当做右派揪出来，我们班的许还山（影片《寒夜》的主演），只因为给文化部写了一封长信，要求提高教学质量，就被糊里糊涂划为右派。除他以外，导演系当年才17岁的吴贻弓（影片《城南旧事》的导演）、表演进修班的张莹（影片《小兵张嘎》中饰演罗金保，《董存瑞》中饰演连长）也都在其列。本是同学，一下子变成了敌人，当时确实不能理解、不能接受，因而我被认为有同情右派、右倾思想。

1962年反右倾，导演系的田风老师及导演系59班天天开会，他们班出现了“反革命小集团”。我和同班同学郭致霞在食堂买好饭后，走到郭宝昌所坐的桌旁，他见了我们一句话也不敢说，愣了一会儿，他急匆匆地端着碗走了。我和郭致霞还奇怪，这怎么和郭宝昌平时快乐、活泼、善言的态度大相径庭呢？后来才知道他们班出了大事，郭宝昌被打成“反动学生”了，我们这才明白他是害怕连累我和郭致霞，刻意在躲着我们（前些年和郭宝昌相见，他还谈起此事，他记得很清楚，还说：怕连累我们）。更出乎我们预料的是不久又听到更令人吃惊的消息，大家非常崇敬和钟爱的田风老师在电影学院后花园里服安眠药自杀离世了。

那时学校的组织纪律非常严明。我们班入学时是三十三个同学。因业务考试不合格，有七名被认为不适合做演员的同学被淘汰，因个别原因自动退学的四名，犯错误被除名的三位，待我们毕业时只剩下十八名，这其中也有三位受过校方不同程度的处分。

表56班于房山吉羊村劳动留影　1957年

这就是那个年代发生的一系列事情。

一次次的政治运动、思想改造，每个人都必须要积极要求进步。我作为在解放区受过教育的烈士子女更觉得自己应该积极、应该事事起带头作用，应该各个方面都做得更好。现在，翻起那时的日记，大量的反省、不断地自我检查，责备自己在哪点、哪点上又做得不对了，等等。现在才意识到在那个阶段出现的是另一种纠结，也是一种无以遁形的自我折磨。

在校的四年里除了上课、运动、政治学习以外，较频繁的是下乡劳动锻炼。我们去修过密云水库、十三陵水库，两次去西山植树、挖太平湖、下部队锻炼以及下农村参加生产劳动。少则几日，多则两个月。从某种意义上来说这对于学表演的我们还是有好处的，使我们对农村、农民有所了解，增强了我们的生活与劳动的能力，对我们日后的创作是有益的，但确实耗费了很多时光。

电影学院的四年相对一生而言是短暂的，但是对我们一生的影响是无法用语言来表述的。这四年，教会了我们作为专业人员所需的基本技能，使我们懂得了作为大学

表 56 班毕业照　前排左起：黎莉莉　欧阳儒秋　吴印咸　张昕　唐远之　邸力

生走出校门时，不能仅仅是追求个人的名利，而是要尽自己的所能去做应有的贡献。因此当时学校提出要加强师资队伍，号召毕业生留校任教时，不少学生主动报了名。

想当初我离开中戏的教学岗位时，没有想过再做老师，也不愿意再做教师，但我也发自内心地表态服从组织分配。

当时北京艺术学院（现已解散）也来学校要人。当通知我到北京市文化局报到时，我还以为被分配到北艺，最后才得知我和另外三个同学被分配到北京电影制片厂演员剧团。

至此，我的大学四年生活告一段落，新的生活开始了。

七、放弃做演员吗

我们56班当时有五位同学分配到长春电影制片厂，两位到上海电影制片厂，一位到内蒙电影制片厂，一位到在北京艺术学院（后解散）教书，五位留校工作，我和另外三位分配到北京电影制片厂。

那时服从分配是理所当然的事情，而且大多数都是以极其热情的态度去迎接新的生活和工作。

我们班被分配到北京艺术学院当老师的女生郭致霞在班级里演戏是非常好的，在话剧《党的女儿》、《普拉东·柯列契特》中都饰演女主角，绝对会成为一位非常好的演员。本以为她会顺利地被分配去制片厂做演员，却被分配到了刚刚成立不久的北京艺术学院当教师。据说是那里的领导看中她，非调她去。可我们知道郭致霞性格内向，平时不多言语，开会时更不发言，我们很难想象像她这样的当老师，在课堂上面对学生会是什么样子，上表演课时总不能不说话吧。我们也知道从她内心讲，她是多么希望做一名演员啊！然而，那时她什么也没说，默默地接受了分配。

她在高中时就有一位从印尼回来的华侨男朋友，也在北京上大学，两人一直很好，遗憾的是毕业时，她留在了北京，而那位男友被分配到了安徽省马鞍山市，两个人自结婚起就一直两地分居。郭致霞心地善良，很会做饭菜，我们刚刚毕业时，她住在位于厂桥的北京艺术学院宿舍，我住在小关的北影宿舍，那个时期，我俩接触的时间最多，互相能够在一起倾诉工作后所遇到的困惑和不愉快。“文革”后，她为和丈夫团聚调到了马鞍山话剧团，后又转去香港，于1978年因病去世，那一年她才刚刚42岁。走得太早了，我的好友！你真的是走得太早了！有时，我想着如果她能活到今天，我们还能在一起相聚，在一起谈起过去的日子，那该是多么开心的事情。世上的事真是很难预料。当年在一起度过的岁月早已经成为过去，但留下的记忆却总难以抹去。我始终记得她的善良和她对我的关怀。

此时，不由得想起56班毕业时的十八名同学中，如今已有七位离开了人世，年龄最小的胡乐佩也走了，当年那一群热血沸腾、怀抱演员梦想的小年轻如今都哪儿去了……

考入电影学院并不意味着进了保险箱，分配了工作单位，也不意味着就一定能上戏。那时一来影片产量有限，二来二十世纪三四十年代有了名气的演员还正当红，虽然大多已经过了不惑之年，但还在银幕上饰演十六七、十八九岁的年轻人，导演认可，观众认可。我们这一代在之后不久又遭遇运动和“文化大革命”，几乎近十年的时间文艺活动处于停滞的状态，当时只能看到京剧样板戏和把样板戏拍成的电影。

这一代电影人非常遗憾地荒废了几乎十年的岁月。表演系56班包括后来的表演系57、59班，甚至60、61、62班能走上银幕的大约只占全部毕业生的百分之十。有部分学生改行，我们班的于中效，后来几个班级的胡炳榴、周康瑜、刘国权、王进、霍庄、邱丽莉以及拍摄了许多优秀电视剧的陈家林等，都转行做了导演，但是大多数在剧团度过了青春岁月，之后拿着微薄的退休金生活。

不是因为“文革”前这些班级没有出现好演员，也不是因为他们不努力，是那个特殊的年代使这一批演员的境遇不够幸运，只有少数同学像表演系56班的马精武、胡乐佩、王炳彧，表演系57班的王志刚、杨建业、李长乐，表演系59班的雷鸣、刘尚娴，60班的毕鉴昌、黄锦裳等曾出演过影片中的男女主角，现在也都已步入暮年，而这几个班的其他同学在学校和初到工作岗位上的时候，都很年轻、富有活力,而且大多具有非常好的演员素养，形象端正，却没有遇见好的机遇，有的甚至没能发挥自己的才干就这样默默地离开人世。怎么能让人不感到遗憾！现在我想到此，说起这些，真的是感到很悲哀。愿他们在天之灵安息吧。

在北影剧团的两年，剧团延续了抓紧思想教育的传统，我们一报到，首先被派到四季青村去劳动二十天，平时要轮流去北影大食堂帮厨、做饭和窗口卖饭。1961年初，赴房山良乡镇东石羊村参加当地的整风运动三个半月。

真正的专业创作，是在1961年赴邢台演出和1961年12月中旬，赴西安、延安的演出活动。

记忆深刻的是随团赴西安和延安的演出，历时两个半月，演出的剧目是莎士比亚的戏剧《第十二夜》以及独幕剧《三月三》。

我和表演系57班的毕业生袁其励（曾在《小兵张嘎》中饰演女民兵，如今也已病逝）给《第十二夜》演宫女，于洋、陈强、杨静等都饰演主角，和他们同台演出确实是学习到很多，同时也带给我们不少的欢乐。记得有一次演出，饰演大臣的黄钟老师在后台休息时摘掉了假胡子，再上台时嘴上没了胡子，只有一条白道，引起同台演员全体笑场，无论如何也止不住。事后，饰演女仆的吴素琴说："我当时想着我是共产

独幕剧《三月三》主创人员合影　前排左一：于洋　左四：张水华

独幕剧《三月三》剧照

党员，我不能笑场！”可是她说越这么想越是把持不住，笑得比谁都厉害。

独幕剧《三月三》是于洋老师导演，我有幸获得一次极好的锻炼和实践机会，他让我演女主角A组，而剧团的另一位老演员却演了B组。曾经排过的话剧《反翻把斗争》里，于洋老师也让我演里面唯一的女角色——地主。至今，仍十分感激于洋老师对我的信任和鼓励，让我在这一次次的实践中得到了锻炼和提高。该剧到了西安后还请了著名的电影导演张水华为我们导戏。

在西安的大戏《第十二夜》的演出十分成功，因有众多明星出演，很受欢迎。那么，去延安演什么呢？是大戏？还是独幕剧？经过剧团领导班子的慎重考虑，决定演大戏。“既然我们是代表北京来的，既然我们在大城市西安演了大戏，那么到老根据地就不能用小戏来糊弄和对付延安的百姓。”于是，不管运输布景、服装、道具等会带来多少麻烦，也要保证大戏在延安的演出成功。

尽管那时是困难时期，但延安的领导看完戏，还是备了好酒好菜热情款待我们，席间聊天，我们剧团团长赵子岳问："我们戏演得好不好啊？"县领导谈："好是好，就是看不懂。"

事后，我们听说当地人议论道："八路军走的时候是穿着长裤子走的，咋这次从北京回来都不穿裤子了呢？"听起来很可笑，因为《第十二夜》是英国古典戏剧，男角色一律穿的是短裤、长袜，一个个都是细腿长长的，怪不得老乡看着不顺眼呢！

我在剧团的两年，始终没有机会参加电影的拍摄，这在当时是很正常的，1962年春偶然有一位导演要拍一部战争片，其中一重要女角色让我扮演，试了服装，拍了化妆照，突然厂领导决定换另外一位导演，于是，重新筹备，这位导演改用他熟悉的另一位女演员了，我因此失去了这一次的机会。

1962年夏，剧团的演员为影片《停战以后》跑群众，记者群里有我的身影，但当我看片时，自己都很难找到。在拍摄进入到最后阶段时，我被调回学院，学院正是假期尚未开学，我想利用短暂的时间去看望已搬迁至大连的七姨，却不被批准，说是要接戏，为此，在该片中饰演记者薛平的马精武和导演大吵一架："她在拍摄中没有一个特写，没有一个近景，甚至连个中景都没有，接什么戏？她不过是个大群众。"于是，我被允许离开摄制组。现在想想，马精武作为该组的演员，竟敢如此得罪导演，胆子也太大了！不过，这就是马精武。

在北影期间的试妆照

《停战以后》的大群众记者是我在北影参加的唯一的电影拍摄。

早在1962年初，电影学院表演

系主任邸力老师就找我谈话，希望我回学校工作，我犹豫了一段时间，当时任副厂长兼演员剧团团长的田方很想挽留我，记得在北影组织的跳舞晚会上，他边和我跳舞边谈道："你的形象不属于小姑娘型，随着年龄的增长你会有戏演的，不要着急。这会儿你要是回学院当老师，就会失去机会，是不是有些可惜了？"他劝我一定要慎重，一定要再好好想想。他甚至最后和电影学院方面商量是否能够暂时借调我，编制还留在剧团。据说学院方面表示："我们是要培养教师，怎么可能借调呢？"就这样，学院用已分配至学院的表演系56班的一名同学、表演系57班的四名同学，共五名毕业生把我换回学院。

在北影期间的试妆照

我明知道回学院是从事教学工作，以后一切要从教学的角度考虑，这肯定是第一位的，有可能就此失去上戏的机会，那时教员要出去拍戏，必须经过批准，再说，因为不是演员了，导演更不会考虑到去学校找你上戏，这必将失去更多的机会。怎么办呢？

在北影期间的试妆照

还有一点使我略有犹豫，我和马精武

于1961年5月17日登记结婚，如果我也调回去，两个人在一个系里工作是否不太好。但邸力老师认为这没有关系，在一个单位更可以互相帮助，有利于更好地进步，她坚持认为我很适合做教员。

但，事实证明，夫妻俩在一个单位上班的确有些不便，若有坏事，相互肯定有影响，一个挨批，另一个肯定得检查，夫妻双双被打成右派的还真不少。好事呢，绝不会让你们俩全占上，随便举个例子：出国，不会让两个人都去；获奖，不会同时给两个人；评职称，不会在同一年让两个人都上去，总得照顾照顾别人吧？这我能理解。两个人联手编剧、导演或者出演等所做的事，别人会说就瞅你们了，开夫妻店。我于1993年被评定为教授，马精武被评上教授的时间竟然比我晚了三年，这真的是不太合情理。当然，这些早已经是过去的事情，如今想起也只不过笑笑而已。

那个时候，我自然没有想到还有评职称，还有那么多复杂的事情。

思前想后，当时最重要的是我不愿意浪费自己的时光，我想回到学院可以一直有事情做，而且还可以学习到更多的东西。

于是，1962年7月我同意调回学院，开始了又一轮的教学生涯，而这一步走下去，竟是几十年，直至现在。

期间，我也曾遗憾自己没有成为一名专职的编剧，也许会创作出一部好的剧作。遗憾我当时为什么没有去报考导演系？也许能拍出几部好的作品。现在，剧也编了，戏也导了，也演了，名副其实成了一个不伦不类的编剧、导演和演员，成了什么也不是，什么也不专的杂家。

当然，这一切已经成为过去，人生永远不要后悔，不要无尽地回头看，而是要面对现实，面对未来，面对所剩无几的生存时光。

最终，我和教学、我和学生结下了不解之缘。这，也许就是命运的安排。这，也许就是我应该走的路。

第二章

教学篇

我会在第一堂课上对学生谈三点：

一、真诚。生活中为人真诚，不虚假，表演才可能做到真。

二、富有激情、关注旁人、关注社会，

爱自己的亲人、朋友，才能在表演中体现真情。

三、勤奋，酷爱表演艺术。因此才会坚持，才会努力，

为此做好准备，机会来临时才华才能得以展现。

一、刚开始教学的那些年

1962年9月，我被调回北京电影学院表演系任教。开始被分配在62(乙)班教学。该班的学生有现在还活跃在荧屏、银幕上的曹翠芬、导演刘国权、八一厂演员赵守凯、著名配音演员谭天谦（话剧《最后一幕》中饰演苏力）等，邸力老师是主任教员，负责全面的教学计划及安排。她主要上大课，平时分组上小课，我们是作为助教协助主任教员工作。记得当时主要进行小品、片段排练及独幕剧的排演，我排演过《妯娌之间》及《岗旗》等剧目。

我参加课堂教学大概有两年。但实际上这期间因为要求学生走又红又专的道路，因而延续了以往不断下乡劳动和投入各种政治运动的形势。

1963年3月开学后开展反修运动，学院组织观看八部苏联影片：《一个人的遭遇》、《雁南飞》、《士兵颂歌》、《伊凡的儿子》、《第四十一》等，开会讨论，对苏修影片进行严肃的批判。4月份开展学习雷锋运动，为配合宣传排练一些小节目进行演出，之后是学大庆，学焦裕禄，到密云下乡一个月。

1964年6月到河北省团城下部队锻炼半个月。期间北影借调我参加影片《烈火中永生》的拍摄，经院方批准，我提前从部队赶回北京完成拍摄任务。

1964年9月上级又下达了更重要的文件，要求凡文科大学生一律下乡参加“四清”运动。于是1964年10月，我和马精武都与学生一起来到山西省阳高县参加轰轰烈烈的“四清”运动，历时九个月。回京后，1965年8月我参与了北影史大千导演的影片《红色背篓》的拍摄。

同年11月我被学院调去参加文化部组织的“农村文化工作队”，于11月15日被派往河北省抚宁县榆关村、桃园村参加工作，历时七个月，至此完全脱离了教学工作，再回京时已是1966年6月5日，“文化大革命”开始了。

和学生在一起下乡、下部队时有一些演出活动，却从来没有进行过课堂教学，因此，尽管1962年我人调回了电影学院，身份也是教员，但真正参加教学工作为时很短，这是一段不能称之为教学的日子。“文化大革命”开始以后更是脱离了课堂，直到1974年恢复招收工农兵学员，教学才重新开始。必须承认这期间这么多年，我们年轻教员没有真正地投入到教学工作中去，因而谈不上教学实践，自然也没有获得什么教学经验。

1966年6月5日我从农村返回学校，看到满院子的大字报的时候，一时还没明白发生了什么事情。第二天，少数派学生把党委书记申伸等，弄到办公楼门口的台阶上批斗，为什么忽然这么对待申伸？我开始上去和学生争吵，因为表演系的学生都在西南演出，并不在校，和我发生争执的大多是摄影和工程系的学生。那天我是真的很生气，气得差点没掉眼泪。

到了下午，忘记是谁提醒我：“好好看看最近几天的报纸！你在农村没看报呀？都什么时候了，你还保党委？”

“啊？”我真的大吃一惊，急忙找来报纸，一连看了好几份，才知，自己大约是错了。这突然的变化，怎么能不让人犹疑呢？

这时表演系62班由李慧颖带队，文玮及马精武共三位老师和学生一起还在西南沿铁路线慰问演出，生活十分艰苦，但师生热情高涨，没想到在6月18日通知全体调回学院。他们下火车时就被少数派的学生把老师、学生分别隔离开。在回学院途中乘坐的大卡车上，让三位老师站在一旁。文玮老师不明白发生了什么事，对同学们说：“咱们唱个歌吧！”被造反派呵斥道：“唱，唱什么唱？！”因为都不明白发生了什么情况，所以全体不语。

一进校门，三位老师分别被挂上牌子，都是黑字当头，“黑帮凶”“黑尖子”“黑苗子”等。马精武看着我，我什么也不能说。群众喊了会儿口号，散会。我走过去帮着马精武提行李，有一位同学还冲着我们大喊一声："马精武，你老实交代！"我悄悄地说："别理她，回家！"

我知道这次的行动有些过火，因为这三位都是普通教员，马精武和我都是学校的年轻老师，能把我们怎么样？但我急于把当时的形势告诉马精武，免得他因为不了解情况说错了话，招惹不必要的麻烦。

电影学院和其他单位一样，迅速地形成两派，卷入一场越来越激烈的两派斗争，其实各自都认为自己所持的观点和立场是革命的，是坚持毛主席革命路线的。站在另一派的表演系学生，尽管原来关系非常好的，此时也不再理会我们。高音喇叭不断地播放批判和斥责的文章，同时也开始了各种类型、大大小小的针对老干部、老领导、老教师的批判会。

1966年6月20日我的日记有一小段话的记载："上午批斗邸力和黎莉莉，同学们如同贫下中农批斗地主一般毫无顾虑，而我们则差劲，仍是感情的东西在作怪？我看见给他们戴高帽子就是不舒服。渴了，有的人不让他们喝水，我心里也特别别扭。事实证明我还没能和群众站在一起……"

这就是我当时非常真实的心态，又要紧跟形势，但自己又无法做到，陷入了思想极为纠结的境地。

那时，抄家是常事。

有一天突然来了六个工程系的学生，到我家，说要抄所谓的反革命材料。最后我也不知道拿走了些什么，只记得把马精武拍《风从东方来》时，从莫斯科买来的音乐唱片全部拿走。我庆幸表演系的学生没有一个来抄家，或许是碍着面子，或许是对我们还存留着一些情分，毕竟相处了四五年的时光。他们没有来抄家，在当时我已经感到欣慰了。

工、军宣传队进入学院后，形势略有缓和。1969年还组织了师生联合排演小节目到农村、工厂进行演出，我和刘诗兵排演的是贫下中农诉苦的话剧《一块银元》。

1970年5月下达中央指示，所有中央、北京所属的文艺团体、艺术院校无条件地下放部队进行思想改造。

这样，电影学院无论是职工、教师，包括尚未毕业的学生，全部下部队。教职员工赴驻扎在河北保定新安县的38军，学生全部到位于河北张家口柴沟堡的部队。

那时要求很严格，没有特殊情况任何人不得请假。导演系王心语的夫人5月的预产期，但因为是生第二胎，不准他留下照顾。

偏偏我不会择时生子，5月17日那天我生孩子，而大队在5月19日就要全体下放部队，因我是剖腹产，马精武才被允许多待半个月照顾，于6月初被迫赶赴保定参加下放锻炼。

1970年，各个单位还处于不稳定状态，我待产住进积水潭医院。被推进手术室时，麻醉师和手术大夫都已开始做准备工作，据说是腰麻之后需等待一段时间才可以做手术。但是那天可能因为还有一个手术要做，腰麻打过之后不久，大夫就开始动刀，也许因为麻药尚未起作用，刀子一下，我能感觉到刀割的疼痛，我忍不住叫道："疼！"于是他们迅速决定再打一针麻药。这回可不太妙，也许是因为麻药打多了，影响到心脏，只觉胸闷，两条腿难受得闹心，于是他们决定加快输液，又因为过快，我开始浑身哆嗦，冷得上牙打下牙。手术从下午四点开始，直至晚八点把我推出。之后的两天一直两条腿不得安宁，失眠，大夫说不敢再给打针了，至于能不能睡、闹不闹心也只能忍受了，为了生这唯一的孩子，我可真受了大罪，万幸的是我和儿子都还能健康地出院。

马精武陪我半个月后下部队了，我开始一个人带孩子，楼道里所有的邻居都不在，只有隔壁摄影系老师的11岁女儿幼幼常帮我从对面合作社里带回来一点菜。72天产假一过，让我在学院的留守组上班，孩子交给一位白天来照看的阿姨。

此时中央文革小组下令取消北京电影学院，成立中央五七艺术大学，电影学院的所有资产全部登记，转交给三个部门：电影发行公司、电影资料馆和电影器材公司。

在负责登记的过程中，我看到把那么多只是供学生教学实习用的摄影、照明等器材全部转出去，还有影片资料，尤其前几届本科实习拍摄的全部短故事片也在其中，我便建议这些属于教学的资料和器材，如果一定需要移交，就移交给中央五七艺大，谁能保证说将来不再办电影学院呢？然而，当时没人主持工作，没有人听取我的意见，都只能按指令转交给了发行公司，最终他们认为这些对他们毫无用处，于是全部销毁，导致我们花费心血创作的所有作品全部消失，痛心啊！又无奈！

1970年10月，催我下乡，我提出带孩子一起去下乡，可以把孩子寄托到当地老乡家照顾，未被允许。那时儿子马川才五六个月大，正是刚刚会玩耍逗人喜欢

下放白洋淀之前与马川的欢颜　1970 年

分别前的慰藉　1970 年

话剧《新的篇章》剧照　1972 年

的时候，可以踩在我的腿上高兴地蹦跳，他高兴地喊叫，我却止不住地流泪，把他交给谁呢？

不下乡是不可能的，最后征得九姨的同意，在东单她家附近找了个人家把孩子全托，九姨答应时常去关照，后来他们不放心，于是儿子马川就留在了九姨家一直被带到两岁四个月。

离开时儿子七个月大，还不会说话，但已经认人，据九姨说当时我走后，儿子指着一个屋子、一个屋子不停地找，却找不到妈妈。听到后我的心里别提多难过了。人不得不下乡到部队，心却留在儿子身旁，无限的牵挂又能和谁诉说呢？

到了部队天天开会、劳动，后来形势有所变化，便开始排戏、演出。当时排演了由文学系王迪老师创作的多幕话剧《新的篇章》，歌颂知识分子下部队改造后的胜利成果。还有我编写的赤脚医生如何为贫下中农服务的独幕剧《广阔的天地》以及另外一个独幕剧《白求恩》，还有歌舞剧《双送礼》等大量的小节目，组织了两个晚会的演出，下乡下部队为工农兵服务。

1972年秋天，部队允许我们把孩子接到身边，白天开会、晚上演出或劳动时托付给老乡家照顾。

儿子两岁四个月时，我们激动地到北京去接儿子，他是第一次坐火车，感觉很新奇，也非常兴奋，在火车上来回地跑跳，可带了他近两年的九姨和张玄、张白两位表妹对他有着深厚的感情，孩子在车上兴高采烈，她们在站台上流泪，看到她们那样难过，我的心里也很难受，觉得这是生生地把孩子从她们身边领走了啊，毕竟是她们从孩子七个月带到两岁半，朝夕相处。我说带走就这么带走了，说实话自己心里很是愧疚，可是这是自己的孩子啊，也不能总不在身边，无奈呀。当火车起动时，看着她们娘儿仨默默目送着我们，我的眼泪也忍不住淌了下来。她们站在那里的情景，就像一个镜头的画面，深深地印在我的脑海里。

说到这儿，想到我的表弟张弘和表妹张玄，不知是否受到我的影响，他们都做了演员。表妹考入中国青年艺术剧院，成了那里的台柱子，主演过《权与法》、《上海屋檐下》、《红鼻子》等诸多话剧。表弟张弘曾在南京军区政治部前线话剧团，后调入上海电视台，和他的夫人富敏联合导演了电视剧《十六岁的花季》、《上海人在东京》等很多影视作品。

话说回来，火车行驶在去保定的路上，开始儿子还玩得高兴，后来他开始询问："去哪儿？"我们说："回爸爸家。"

他问："哪个爸爸家？"因为他在九姨家一直管我表弟叫"张弘爸爸"。当我们告诉他去马精武爸爸家时，他不干了，哭了起来，后来好不容易哄好了，到了保定连队的住房时，天已黑，他又哭了起来，事先准备好的玩具他也不要，一直要求回张弘爸爸家，无奈我和马精武抱着他到马路上去遛弯，看看走过的马车、行人，最后是累了？还是困了？或者是知道无望了？他没有再闹下去，只是说："回家吧。"

其实那时我们没有家，孩子是和我还有另外一位女同志住在一起，所谓的回家就

与表妹张玄、张白在一起

与表弟张弘在一起

团圆　1972 年

是回女同志住的宿舍。在那里我们度过了一段平稳的有演出的日子。

到1973年3月，我们陆续被调回北京，因为没有了电影学院，我们被合并到中央戏剧学院表演系，导演系也并了过来。其他系如摄影系、文学系等调至当时位于沙河朱辛庄的中央五七艺术大学。

1973年马精武参加了中戏73班工农兵学员的招生，我参加了74班的招生工作，并开始了在表74班的一年半的教学工作，1976年初又回归到重建的北京电影学院。

二、“文革”后的第一班——中戏表演系74班

1973年春从部队锻炼回京，电影学院表演系被归并到中央戏剧学院，对我来说，戏剧学院并不陌生，还是那个校园，更有我曾经给他们上过俄语课的本科毕业生金乃千、赵健、唐爱梅等，他们已留校做了老师，还有其他班的冯明义、梁伯龙、常莉、刘之玲等。这一下我们成了同事，在一起工作，一直相处得很好。

1973年虽然教学工作要纳入正规化，但实际上当时的政治气氛仍很紧张、严肃，系里领导小组有工宣队派来的工人师傅参与对教学及教师的监督和改造。

批林、批孔、抓意识形态领域的斗争，仍在紧锣密鼓地延续着。

1975年1月16日全院召开批“斯氏体系”的动员大会，提出的口号是：“学习样板戏，移植样板戏，救活死了的话剧。这是一场革命，一场战斗。”在展开批判的过程中，要求全院每个人都要发言，都要认真对待。

学习样板戏要落实在实际行动中。表73班一入学，学生们在还没有进行表演基础训练时，就已经照搬排练京剧《红灯记》，还把京剧院的演员请来直接给表73班的学生授课，找嗓子好的学生演李玉和、李铁梅。

导训班则移植京剧《杜鹃山》，将它改编为话剧，由于表74班刚入学，演不了大戏，就由导训班和表演系老师来演，全剧分为一、二、三场，我被分配饰演第三场的女主人公柯湘这个人物。

这回我体验了什么叫表现革命激情，什么叫大喊大叫的表演。刚开始时实在是不适应，甚至想打退堂鼓，但那是教学任务，也是政治任务。为了更好地表现人物，我又去看了一遍京剧《杜鹃山》，再去看拍摄成电影的《杜鹃山》。回来后我在日记中写到：“我看京剧和电影里的柯湘也没这么喊呀，为什么如今的话剧要这么使劲呢？我该怎么办呢？”

其实那一时期戏剧舞台也都是这么演的。记得我们观看总政话剧团演的《万水千山》，所有的演员都声嘶力竭地喊。我们看时已经是他们演出了几场之后的场次，所有的演员几乎都已经喊得声音沙哑，甚至说不出话来，当时心里还真的很心疼这些演员呢！

为什么要这样演话剧呢？也不奇怪，其实那个时期拍的电影，也几乎都是拼命使劲地表现革命激情，英雄人物不使劲表现大义凛然不行，演坏人不拼命地往坏里演，也不成。那时的电影英雄人物要仰拍，反革命、坏人要俯拍。饰演英雄人物的演员名单放在字幕的最前面，演反革命系列人物的演员名字放在最后边，这是当时的政治环境所决定的。不能责怪演员，也不能责怪导演。

虽然我始终是一个顽固不化的不肯大喊大叫的演员，但就这样，演出那天，马精武去看了戏，还说："你怎么也有点大喊大叫地演戏？"是啊，有什么办法呢？总是要随大流吧。最后这个戏终于告一段落，下边的任务就交给表74班了，他们开始照猫画虎地排练《杜鹃山》。

对于我们这些曾经亲身学过"斯氏体系"的学子们来说，我们本该对斯氏的基本观念有一个明确的认识和理解。我始终认为斯坦尼斯拉夫斯基是一位伟大的戏剧家、理论家和教育家，他将自己的毕生精力奉献给这个事业。他的理论对全世界的戏剧文化都产生了深远影响，对我国的戏剧、电影同样起到了推动作用。而这个时候为什么有人要全盘否定他呢？是迫于政治压力？还是真的持怀疑态度？我一直不太明白，有人甚至说："演员用不着培养，有英雄思想境界的人就能演英雄。"记得在一次争论中，我问道："若持这种观点，那我们没有必要到各地去招生了，只需去把真的英雄模范找来，他们就可以直接演戏了。"

学生们自然不知道我们当时有过这样的争论。

1974年招生时，除在北京设了考点外，我们还到了山东烟台，深入到荣城县等地以及河北张家口市、昌黎县等地招生，为的是深入下层，找到真正好的工农兵学员。在招生过程中有严格的政治审查制度，查历史、查家庭。至今我还记得有一位叫马乐的同学，会拉手风琴，很聪明，但一查家庭，有被打成右派的，有家属在台湾的，自然不会被录取。

作为教员，我们在整个招生过程中是很认真的，要进行专业考试，尽管那时他们中的大多数都没有表演经验，但还是尽力考察和了解他们的素质状况，结合气质、形象等外在条件，综合考虑，择优录取。

在昌黎县我们看到了挤在大门外的郭连文（后在《东方》、《解放》中饰演年轻时期的刘少奇），发现他气质朴实，形象不错，就招呼他进来，询问他的情况，果然他是来参加表演考试的。在烟台，现任中戏教授的王丽娜，形象憨厚，我们决定录取她，但她第一次体检心脏有问题，不合格，我估计可能是体检时过于紧张，就带她又去了一趟医院复查，果然没有问题。赵奎娥（《潮起潮落》中饰演简小荷，新近又在电视剧《大河儿女》饰演常月娥）当时长得乖巧、聪明，因此被录取，入学后学习一直很好。

陈宝国是在北京考区录取的，当时因他相貌秀气、瘦弱，被认为不适合演工农兵，只能演些知识分子，考虑到一个班可以有各种各样类型的学生，因此才被录取。谁也没有想到他在演员的道路上越走越开阔，饰演了很多不同类型的人物，在创作中他已经做到了得心应手、游刃有余，并取得了优异而可喜的成就。

当时正值外界号召工农兵学员要上管改（就是学生不仅是上学，而且要对教师、对教学进行积极地监督和管理，那是一个要由工农兵学员继续改造大学的特殊年代），但表73班、表74班的学生们都是很朴实、很真诚的学生，他们那个时期没有名利思想，没有认为做演员就有什么了不起，对待老师都十分尊重。我当时不是主任教员，但在给同学们上课的过程中，和学生们相处得很好。当然，他们中也有不用功的时候。一次上课有一个学生，我让他重演一遍，他就是坐在那里一动不动。为此，我非常生气，气得我曾经在日记里写着："真不想做教员了。"但后来想想，哪有不调皮的学生？年轻人么，可以理解。

对于初学者应该如何学习和掌握表演技能，我们始终坚持首先要让学生懂得表演不是不可理喻的。表演因为形式的不同，其表现方法也有所不同，尤其话剧及影视表演，它的基础在于真实，在于符合生活的真实。当然，它不是自然主义的，是需要经过艺术提炼的。但是它毕竟不同于京剧，尤其是影视表演，在镜头前的表演要求体现得更真实、更细腻、更准确。所以对于初学者最好不要一开始就以京剧来进行教学。

生活中只要是正常人，谁都会对自己周围发生的事做出相应的反应，成熟的人会冷静些，幼稚的人思维判断会简单一些，但都会合乎逻辑地听、看、观察和感知。

谁都会对环境有自己的感受，比如回自己家是一个状态，到别人家（熟悉的、陌生的）又是一个状态，人的神态、肢体等都会有非常自然的反应。这种简单的你来我往，如若搬到当众情况下去表演，就不是所有的人一下子就能做到的。同样，对待不同的人物关系肯定也是不同的。对父亲爱的表示，肯定和对情人不一样；又如遭遇巨大的事故（如天灾、车祸等），生活中谁也不会考虑别人怎么看自己，只能全身心地投入到这一事件的应变、感知，而参与救援的人会直接进入调查、了解等一系列的行为中。而演戏，在当众情况下，又是假定的，自然有难度，因而对学生的训练还是要从最简单的情景、最简单的事件中开始，使学生能够从相信环境、相信眼前发生的事情，相信对手做起。这需要有一个适应和体验的过程。我们一直本着这样的教学方针和理念进行我们的教学工作，一定要使学生增强信念，努力了解话剧、影视剧表演的本质特点。

表74班通过排练独幕剧《雷雨之前》、《新来的保管员》等开始了这样的基础训练。当然纯课堂的教学还是略有不足。表74班的教学在我们授课的三个学期里，大约

有将近半年的时间是在下乡或在校外开门办学中度过。

1974年11月我们到怀柔燕各庄长园大队劳动，在那里边劳动，边排演小节目并进行演出，月底返校。

1975年2月又赴天津六号门开门办学，参加过货场、客运车间、站台等服务工作及劳动，并和工人座谈，为了更贴近他们的生活，我专门为学生编写了反映铁路工人及服务人员生活的独幕话剧《岗位》。边劳动，边上课，边排演独幕剧，边演出。5月底返京，历时两个多月，回校后进行了汇报演出，记得导演系的张奇虹老师还特别表扬了我们的独幕剧。

1975年8月决定第三学期排演多幕话剧，当时吉林省话演出的《山村新人》反响很大，于是决定排演此剧。为了更好地备课，派我、刘诗兵和台词老师周翰文一起前去吉林专门学习该剧。我们于8月中旬出发，9月1日返京，共去了半个月，除了观看吉林省话剧团的演出，一点一滴地记录下他们的舞台调度外，为了更好地理解剧本，我们又下到吉林附近的农村与当地农民及插队的知青座谈，并参加劳动。

回校后由我给学生们上课，并对《山村新人》剧本进行了讨论。此时学生们同时还在演出《雷雨之前》等三个独幕剧。为了下乡宣传，10月中旬师生一起又乘坐四个小时的汽车到达河北省遵化县，我记得当时住在遵化县中学的大教室，由于气候和伙食问题不少同学生了病，但仍坚持演出。之后又再一次下到更偏远的燕各庄村，在那里仍以劳动为主，同时也演出，上山开垦荒地，夜战修公路，剥玉米，轮流帮厨等。记得到井边担水，我和同学们竟连着三天把水桶掉到了井里，后来才逐渐掌握了深井打水的技能。除了劳动、家访，就是听战斗英雄的故事，了解知青接受再教育的体会，听老大娘控诉旧社会的苦，等等。

在这样紧张而繁重的劳动和思想学习的同时，11月25日我们竟然奇迹般地带领同学们把《山村新人》从头到尾初连下来，并请来当地的知青观看连排，尽管很粗糙，

与中戏表74班下乡时和当地老乡留影 1975年

却得到了他们热情的鼓励，积极地提了些修改的建议。

我们于11月底全体返回学校，前后历时近两个月。这样的生活体验对学生的成长有一定的好处，毕竟表演的是反映农村生活的戏。使他们的生活经历更丰富些，在体验实际生活中、在排练中、在演出中不断成长。应该说他们是一步一个脚印走过来的，没有浮夸，没有傲气，没有浪费自己的时光，而是踏实地在实践中学习提高。

表73班和表74班虽然诞生在那样一个特定的环境中，但在掌握表演技能上还是成长了，成熟了。

表73班出现了许多好的演员，如冯宪珍、孙彦军、高景文、马迎春等。又如分配到电影学院任教的郑建初（著名配音演员，曾在电影学院演出的话剧《最后一幕》中饰演女主角白灵）、张华都已成为北京电影学院教授，并且一直在教学岗位上奉献着。表74班的王丽娜、王明亚、刘国平也都早已经是中央戏剧学院的教学骨干。当年在张家口考区招收的唯一一名男学生李文波曾出国进修，回国后一直演戏，在电视剧《夜幕下的哈尔滨》中饰演日本军官，表演十分准确、得体。陈宝国更是成为观众熟知并喜爱的著名演员。

回顾从1973年至1975年的日子，对我来说过得并不轻松。因为保卫毛主席革命路线，马精武差一点被打成“炮打分子”。那时因为他和别的老师在下放劳动时，曾一起议论过江青，后被揭发，在《金光大道》中集的拍摄过程中一直被视为监督使用。但这一切使我增长了许多见识，体验了以前未曾认识到的社会复杂性，因而我感恩这

中戏表74班大聚会 2004年

两年的时光，感激在下乡期间和同学们朝夕相处的日子，让我学习和领悟到了许多在平静生活中无法触及的情感和情谊。感谢广州军区政治话剧团的肖振华对我当时只有4岁的儿子马川的特别关照，感谢我回到电影学院之后，有许多我在中戏任教期间的同学经常特地到家里来看望我，拍完《西沙儿女》之后在广州的学生马际童还特别地款待了我。

1975年年底，上级指示表演系回归电影学院，和表74班的同学们从招生到教学，相处了整整一年半的时光，我们当时曾经提出把表74班的学生带回电影学院，但中戏方面没有同意，只好作罢。

至今已整整四十年过去，表73、74班的学生们也都已是近60岁的人了，由于他们正是影视界的中坚力量、顶梁柱，好多已经涉足制片、导演，工作非常繁忙，所以近几年来和他们接触的时间少了下来。最近一次是在2004年为纪念入学三十周年，表74班全体同学，包括特地从山东赶来的李朝友与所有教过这个班的老师们相聚一堂。

真是欢乐！真是欣慰！

无论在天涯海角，只要和我接触过的学生，我都会记得，我都会时常想起在一起相处的岁月，并永远地祝福他们！

三、为恢复电影学院做出努力

1976年，电影学院表演系离开中戏，重新回归。

1974年8月，中央文化组通知停办电影学院，改由北影办培训，教学人员可以调离。1975年上级再次代表文化组宣布停办电影学院。所以当我们1976年初回到学院时，从表面上看是件好事，其实实际情况并非那么简单。校址被其他单位占用，舞台、教室没有了，剧场没有了，摄影棚也没有了，服装、道具库早已不知散落到何方。电影学院的原址只留下了一条过道和两排仅存的几间破旧平房。

部分教师还住在这个院子，那是因为实在没有地方安排，总不能把教师赶到大街上去住。我们也还住在那里，住的是临街的一个筒子楼，大约有三十几家，共用一个洗漱间、一个厕所，洗漱间里每家一个炉子，自己生炉火做饭。筒子楼里没有暖气，到了冬天要买煤、搬煤。记得5岁的儿子搬完煤，全身滚得也像个黑煤球了。因为把位于沙河朱辛庄的中央五七艺术大学校址归给电影学院，早起晚归每次上完课乘班车回到筒子楼时，做饭的炉子早灭了，家里的炉火也早已变得冰凉。

儿子上幼儿园时还好，全托，每周六去接，周一早晨送回去。他们的幼儿园在南樱桃园，记得第一次送他去幼儿园后，正巧我在沙河上课，等我乘车、倒车赶到幼儿园接他时，别的孩子全被接走了，只剩下两个老师陪着他，我以为他见到我一定会非常高兴，没想到他竟然委屈地哭了起来。当然后来他慢慢习惯了，我去接他晚了，他也不哭了。有一次冬天，天很冷，我从沙河赶到幼儿园时，天已黑透，全园又是只剩他一个人，三个老师还在，一位在拉手风琴，他在旁边看小人书，见了我还挺高兴。我领他走出房门时，他见天色已经完全黑下来了，说道：“呦！怎么都三更半夜了？！好黑呀！”这次他没哭，也没闹，我心里倒还好受些。

后来他上学了，我们经常外出，有时一去就是三五个月，只好把他托付给别的老师家，非常感谢张淑媛夫妇、刘诗兵的夫人及小姨，还有我们的老同学桂英及她的家人，还有赵宝刚家，我们一没有办法就把儿子这样东托西送的。他们帮了我大忙，使我们能够安心地坚持工作。如今想起这些真是打心眼里感谢他们。

那时我的工资还是1956年在中戏时给我提升的每个月62元，马精武是大学生毕业转正待遇，每月56元，直到1987年我们才有了工作以来的第一次提薪。在那18平米的筒子楼里我们度过了18个春秋，直到1980年才有幸搬到和别人合居共用一个厨房和厕所的单元房。

现在回顾这些没有什么怨言可谈，因为这一茬大学生都是这么走过来的。并且，这些生活上、物质上的清贫，并没有磨灭我们渴望和追求事业的炽热的心。

鉴于校舍及其他各个方面的困难状况，电影学院并没有马上招生，只是为北影、上影、八一厂等招收学员进行培训，学制是两年大专。只办了这么一个班——表76班，蔡明、黄小雷（电影《乡情》中饰演男主角农村青年田桂）、瞿乃社（电视剧1983年版《水浒传》饰演杨志，非常遗憾的是就在我写到这里时，意外地听到不幸的消息，他因病逝去，年仅58岁。乃社塑造了不少感人的银幕形象，是位非常憨厚、质朴的山东人）、马崇乐（《父子危情》中饰演老郑）、芦君（《沙鸥》中饰演医生）以及现在已经成为著名剪接师的新霞也都出自这个班。

由于校舍等困难，自此以后，1977年、1979年、1980年、1983年、1986年及之后的1991年均没有招生。不得不承认这样的失误使电影学院在培养演员的成材率上遭遇到巨大损失。为此事，我曾多次提出过意见，希望每年都要坚持招生，可以名额少一些，但必须要连续办班，否则会遗漏掉好的苗子，那时候电影学院的教员的数量和能力还是可以承受的，但是意见没有被听取。其实这种状况从某种意义上讲，对我们这一茬的教员倒也有好处，这使我们有了空余的时间和精力去做些别的事情。那两年间又是我读书的好时光，因为以前更多关注的是俄罗斯的著作和理论，这个时期我有意去阅读美国和其他国家一些专家关于戏剧、电影、编剧、导演和表演的理论专著，并且记了好几本的摘要和心得笔记。比如约翰·霍华·劳逊所著的《戏剧与电影创作理论与技巧》、林格伦所写的《论电影艺术》、吉甘的《论电影艺术的特性》、狄德罗的《关于演员是非谈》《罗丹艺术论》等，并听取了中戏老师晏学讲的“剧作法”、白景晟老师讲的“世界电影发展概括”、北师大老师上的“心理学”等课程，这样的学习习惯我一直坚持到二十世纪八十年代。

也正是在这一段空隙时间里，我和马精武同时有了在外拍片的机会，1976年他继续拍《金光大道》中集，我则被北影借去拍摄张水华导演的影片《西沙儿女》。

1977年春节后，表演系教师开始了对外演出活动。我们排了独幕话剧《好榜样》、《我是解放军》、歌舞剧《双送礼》以及声乐、台词老师表演的说唱节目。这次演出可以说是全系总动员，连已年逾六旬的黎莉莉和欧阳老师都参与了话剧表演。马精武和刘诗兵合作演出的小歌舞《双送礼》更是受到热烈的欢迎。台词老师演快板，声乐老师激情歌唱。后来去香港为徐克导演的影片做了无数歌曲的著名作曲家胡伟立也上台拉手风琴伴奏。那时表演系虽然排演和生活条件等都非常艰苦，但老师们却富有极大的热情，全身心地为恢复电影学院而努力。

1977年为了更好地宣传电影学院，也为了更好地增强和提高师资队伍的业务水平，经过学院的认真讨论和研究，最终确定全力以赴排演由兰光编剧的多幕话剧《最后一幕》。

当时，我们有很强的导演队伍：对二十世纪三十年代的戏剧状况非常熟悉的张客老师和唐远之老师；我们有很强的演员队伍：马精武和李唐饰演男主人公应放的A、B组，马精武把这个角色的精悍、灵活、调皮表现得淋漓尽致，非常到位。

刚从中戏毕业分配到学院任教的表73班的郑建初饰演女主角白灵，她的年轻、富有活力、声音甜美为女主角增添了光彩。

我们还特意从北影演员剧团请来了具有小资情调气质的表62班的毕业生谭天谦饰演苏力。

话剧《最后一幕》定妆照　1977 年

大姐白静娴的角色则非李慧颖老师莫属，再合适不过了！

国民党头目向世仁则由非常有分量的表57班的留校老师、也曾历任学院领导的李宁饰演。说他有分量是因为李宁个子高，身体略壮于马精武，但一点也不臃肿，平时显得较为严肃，演起戏来尤为庄重而果断。

小捣蛋式的人物小侯则由尚在校学习还未毕业的表76班的侯克明饰演，当年他才17岁，从年龄上讲正合适，当年谁也想不到的是，几十年以后他竟担起了电影学院副院长的重任。

向世仁的手下石代民则由王承廉饰演，他把这个人物的阴险、狡诈的一面表现得非常准确。

地下工作者由导演系主任苟文伦扮演，他瘦瘦高高，英武且儒雅，既让人感到亲切又具有领导的风范，也正是这个人物最理想的人选。可惜这位老师也早已经离开了我们。唉！人生啊，想起当年在一起的合作，仍是那么亲切，似乎这一切不曾远离，仿佛就在昨天，但细想至今已经过去三十七个年头了。

我扮演的是表面是个交际花，实际上是地下工作者的演剧队演员蒋暇。

这一台演员的搭配确实很棒，只是在排练中有一个阶段我感到很吃力，和小侯的戏、和其他人的戏排练起来都还顺利，演起来很流畅，只有和向世仁的戏很难把握。作为一个交际花，她要卖弄、要挑逗向世仁，但她又是个地下工作者，并不是真正的交际花。她该如何面对这个男人呢？不能过分的轻佻，不能俗气，但又要做得让向世仁相信她，真的很难拿捏。幸好张客老师和唐远之老师提示我对人物关系的把握要准

话剧《最后一幕》剧照　1977 年

确，同时给了我一个细小的形体动作，用手中的手套向向世仁的脸上抖一下。别看就这样一个小动作，使我捕捉到了这个角色此时的状态和感觉，使我意识到在创作中除了对环境的了解，还要准确地把握人物之间的关系，在体现人物时可以通过细微的形体动作表现人物的性格与目的。

由于所有演员的认真努力以及表演风格的统一，当时我们收到了极好的演出效果。

中央电视台派王扶林导演（电视剧《红楼梦》的导演）在演出现场进行了录制，并于1978年大年初一在中央一台向全国播放了该剧。邓颖超同志坐在电视机前观看了《最后一幕》并打来电话，之后3月16日又让秘书特别打来电话。

电话内容大意：

北京电影学院《最后一幕》剧组给我来了一封信，知道我在电视上看了他们的戏，他们的意思是为了周总理八十寿辰演出，他们的演出政治性是很鲜明的，表现了毛主席的革命路线下，在国统区的工作和斗争，演出队艰苦的工作，对毛主席革命路线表现得很完整，看了很高兴，这样的题材还是第一次，反映的是当时我工作过的地方，与当时的情况是很符合的。他们要我提意见，我看了一遍感到不满足，后来我又看了第二遍，看后还是不满足，我看得还不细，在人大会上见到黄部长，谈了他们的戏对周恩来同志的处理，处理得非常好。他们希望我去剧场看。人多，我去了影响大家，就在家里看电视吧。

当时尚在广西电影制片厂的郭宝昌导演，电影学院表演系62班的何玲、郭法曾夫妇在遥远的南宁看到了我们的《最后一幕》，他们非常激动。

1978年夏天，我去广西百色拍电影《拔哥的故事》时，特地到南宁看望他们，郭宝昌说："看到我们表演系的演出，那个激动啊！我们当时感受到的只有一句话，北京电影学院活啦！"

在重庆的张昕老师看了后也谈起这个演出，感慨万千。

我们相信那时候认为电影学院已经覆灭了的学子们都振奋起来了，北京电影学院恢复了，北京电影学院重新站起来啦!

这个戏之所以有这么强烈的反响，是因为这中间包含有两个意义，一是"文革"中将当时抗日的演剧队全部打成了反动组织，多少成员在"文革"中挨过整，受到严厉的批斗，而实际上它是一支在党的领导下的敌后抗日进步组织。当时甚至还有不少同志被冤枉、被迫害，并未得到解放和平反。我们为他们说了真话。二是因为我们的表演趋于真实、自然，这样一种表现风格使观众感到像是呼吸到另一种非常清新的空气，这在当时的时代特色下也是具有极强的感召力的。所以我们在以后的教学中始终坚持这样一种观念：不过火、不喊叫，要用真情实感体验人物，表现人物，使他们富有真正的感染力。

其实那时排练工作进行得非常艰苦，在小西天仅剩下的属于电影学院的平房里，恰恰是在冬天排练，天气寒冷，房间没有暖气，每天早晨到了那里先点上火，生炉子，满屋子的烟，只有待烟散去后才可以开始排戏，还需要时不时地关照炉火，千万不要熄灭，否则实在是太冷了。演出时穿的服装部分是去制片厂借来的，有的服装则是从朋友那里借来的，我穿的一套连衣裙是摄影系周坤老师的，那是她二十世纪五十年代去苏联留学时穿的。道具也都是临时拼凑的。在舞台上摆的椅子是陈旧的。一次我一起身，椅子上的小木头茬儿竟把我的丝袜勾上了，我心想：这回肯定是完蛋了，把我的袜子勾破了，果然，这个结果是毫无疑问的。

我们就是这样地工作着，共演出了五十余场，这在电影学院是史无前例的。不参加演出的所有老师也都积极配合，虽然辛苦却非常快乐。

话剧《最后一幕》全体人员合影
前排左七起：海音　唐远之　张客　赵丹　张瑞芳　钟敬之　欧阳儒秋　李慧颖　刘绍荃

那个时期的表演系是和谐的、团结的，大家有着一个共同的愿望，就是恢复电影学院，我们有信心把学院建成一个最好的电影艺术的最高学府，盼望把它恢复成学子们所向往的实现电影梦想的殿堂。

四、招生须尽力做到择优录取

按正常说法，艺术院校招生一定要做到择优录取，难道还有什么值得怀疑的吗？但是我只能说：尽力做到。

为什么？

因为在选拔过程中考核学生是否具有演员应有的素质是一项很复杂的任务。这不是做算术题，学生答卷“一加一等于二”就是正确答案，谁若回答“一加一等于八”那就是错误的。教授判卷如此判，助教也这么判，不会出任何差错。然而，对一个人的判断是有差异的，每个老师的观点不同，或偶尔有的考生们此时状态不佳等情况都会影响教师的判断，失误是难免的，做到绝对公平是不可能的。

四年的时光对于人的一生而言并不算长，但对于一个人的青春而言却是宝贵的，因而艺术院校的招生要本着对学校、对学生负责的态度。

当今社会状况比较复杂，不排除会把有些并非真的有远大的理想或真的要追求艺术的人招进来。这些当然也不必多虑，人生的道路都是自己选择的。我所要说的是作为教师应该如何招生，如何尽量做到公正，做到择优录取。

影视表演作为一种职业有其特殊性，因而决定了对演员有不同一般职业的要求。

演员应具备当众情况下表演和再现虚构人物的能力，这种能力要经过一定时间的学习、实践才能得以提高。可是人的内在素质确实有所不同，有的人对假定环境和假定对手有较高的信任度、丰富的想象力和感受力，有的人则在这方面差一些。在招生考试中要对考生进行这方面的考查，也可以说这是最重要的考查内容。

另一点，因为演员是以自身形象展示给观众的，因而对形象有所选择。诚然银幕里出现的人物各异，英俊的、丑陋的、高的、矮的、胖的、瘦的、老的、少的都可能出现，所以我们在选择时，自然首先选择戏路子宽的，所谓戏路子宽就是有更多的可能性担任男、女主人公的，至于其他类型的也要考虑，必须具有特点或具有不一般个性。

考查过程中对其他方面也会考虑，比如形体的灵活度、可塑性及台词吐字是否清晰、声音条件等，因为这些方面若存在问题，也会影响到日后的发展。

我在招生中更注重的是学生的自然状态，所谓自然状态就是在不做作的前提下，能够认真投入的程度，而不是故意做给招生老师看的。对艺术的热忱、积极的态度非常重要。

表82班在北京考区招生时，有一位叫杨蓉的男生，在湖南考区有一位张磊，都表现出一种积极的状态，这对做演员的非常重要。但因为那时是否录取不是一个人说了算，即使你是主任教员，也要取得大多数参加考试的老师同意才可录取。在几次合议之后，也只好放弃了，但至今我仍记得这两位考生的名字，只因为他们的热情曾感动了我。

又比如张晓敏，她在北京考区参加了初试和二试，发布三试名单时，榜上无名，她不知怎么打听到我家，跑来万分激动地诉说了自己对电影的热爱，对表演的满腔热情。

当然我不会因为她跑到家里来哭鼻子就收她。和教学小组的同志重新讨论、分析了她的情况，三试之所以没有留她，原因不是因为她考得不好，看得出她的素质非常好，只是认为她长得过于漂亮，有点像外国女孩，担心她会因此而没有太多上戏的机会，故而去掉她。其实此时她刚刚拍完影片《情天恨海》、《第三女神》，我们得知这些情况后认为这说明会有人找她拍戏。当时天津考区的考试尚未进行，于是我们通知她到天津去参加三试，结果她的成绩比在北京考得还好，当然要录取她了。

事实证明她是一个好演员，上学时是极其用功的学生，毕业后参演了《一个女演员的梦》、《最后一个冬日》、《黑色的诱惑》等当时较为有影响力的影片，并因

与表 82 班学生在塘沽体验生活

饰演《非常大总统》中宋庆龄一角获得第十届百花奖最佳女配角奖，而后又在电视剧《死水微澜》中和张国立、赵君等合作，饰演女主角，表演得生动，十分感人。二十世纪九十年代她集编、导、演于一身创作了阳刚气十足的影片《大冲撞》（1992）和《赤嫁》（1997）。现在又在加拿大创办加拿大电影电视学院并担任院长，一直在全身心投入到她热爱的电影事业中，始终保持着自己对影视、对表演的初衷，对自己认定的事业充满旺盛精力和不懈追求，这说明我们对这个苗子的选拔是正确的。

我并不在意考生是否经过培训，二十世纪八十年代不像现在这样到处都是培训班。像上海地区的考生李芸（电影《夜半歌声》、《在水一方》中的女主角）、年仅17岁的严晓频（电视剧《北京人在纽约》中饰演郭燕、电影《永远的守望》中饰演刘雅琴）、张晓林（电影《都市刑警》、电视剧《大酒店》的男主角）、张康尔（《紧急迫降》、《无情的情人》的主演）和天津的臧金生（电影《淘金王》中饰演许天雄、《赤壁》中饰演张飞、电视剧《水浒传》中饰演鲁智深），报考时显然没有经历过专门的培训，几乎都是白纸一张。但他们的潜质在考生中都是较为突出的，且在日后的作品中都有不错的成绩。

其实，上培训班有利有弊，碰上好的老师会有提高，但若碰上个二把刀，经过辅导之后，只学会了拿腔拿调，摆着固定的手势，反而让我们看不出学生自身所具有的质朴本色，成了一个装腔作势的空壳。

招生是否择优录取，抛开是否走后门的不说，实际上对教师的鉴别能力，对教师的实际水平是一个考验。

表89班柳云龙在烟台考区参加的入学考试，从形象到表演、唱歌均很突出，我和崔新琴一起去的，毫无疑问我们没有任何争议都同意录取他。

又如表87班的张嘉译，当年在西安考试时才17岁，带着满脸的稚气，谁也没有料到他今天的成熟和老练，但当时怎么就会录取他了呢？就是因为他作为演员的基本素质好，考试时虽然有些拘谨放不开，但我们相信，他有一种内在的激情。在班里他年纪最小，马精武在排练他们的毕业大戏古典多幕话剧《赵氏孤儿》时，反而让他扮演了戏中年纪最长的公孙杵臼，说明他的天分和经过四年的学习使他具备了这样的能力，能承担得起这么一个和自己反差极大、年龄跨度悬殊的重要角色。张嘉译所以有今天的成就绝不是偶然的，他一直非常踏实，为人真诚，做事一丝不苟。这也说明我们当年录取他的选择是正确的。

又比如1992年，在上海招生，周迅来报考，我在当年的笔记中对她的评语是：“粗嗓子、小个子，但生动、有魅力。”在上海考区所有的考生里我给她打了最高分，主考老师朱宗琪也决定要她，可惜的是她从小在艺校学习，后来高考文化课分数没能过关，未被录取。但她在以后的不断实践中通过自己的刻苦和努力，证明了她确实是位好演员。

表92班招生现场

有时唱一首歌，跳一个舞，也会表现出自身所具备的独特魅力，比如87班的孔琳，她考试时演唱了一首当时非常流行的费翔的歌《冬天里的一把火》，她那种自顾自的火热而沉醉的状态，绽放出一种异样的光彩，一下子就吸引了我们在场的所有招生老师。又如表89班的邵兵，考试的时候边弹边唱，一种逍遥自得的大男孩的状态尽显无余。表88班的蒋雯丽、表92班的许晓丹，她们在考试中跳舞时就流露出一种与生俱来、浑然天成的吸引力。其实唱歌、跳舞、表演、朗诵不在于有多么长，而是在于是否闪现出作为演员所具有的天然的魅力。

这些都需要我们这些招生老师在监考中、在那短暂的接触中去发现去攫取。

考试时给学生出题，不是为了考倒他，更不是为难他或故意什么都不提示他，我们可以把题讲得细致些，激发他的想象力，当然我们也要因人而异地启发、诱导。考官应该具备分辨和启迪的能力，挖掘学生的特长及不足之处，从而准确地判断和选择真正有发展前途的好苗子。

比如我们曾经出过这样的题，关于发生车祸。这是情景很尖锐的、对考生来说有一定难度的小品题，一般我们在进入三试时才会出这类题。

表89班招生那年，我们给兰州来的一位考生出过这个题，我故意安排几个学生和他一起坐在课桌前，告诉他们这是文化常识的考场，有三两个同学陪着他，使他首先相信这个环境和情景，之后，我们派一位考官走上台，递给他一张纸条，纸条上写着："你速回家，刚接到你家里的电话，你的母亲出了车祸，现在正在医院抢救。"我们观察他的表情、他的感受，因为事先并没有告诉他纸条上写的是什么，他的思维过程表现得很准确，他并没有一听到这个消息就大哭，就过火表演，但他动心了，其实他当然知道这是在考试，但他能把这种假定当真地表演下去，能做到这一点对于没有学过表演的人是很不容易的，他演得很好，后来遗憾的是他的文化课没有过，未被录取。可是他那种天然的反应给我留下了很深的印象。

死亡的打击对人们来说应该是最大的情感上的冲击，为了考查学生，我们也曾在表89班考试过程中出过这样的难题，例如突然发现自己的好友或者亲人死了，记得王朔做过这个练习。

我在出这种题时，首先是要为学生营造一个能够引起考生信念的环境和周围的大致情况，说得细致一点，尽量诱导、启发、唤起考生的想象力，让考生相信，我对王朔说："这是野外，是清晨，在帐篷里，你和你的同伴在这里睡觉，你先醒来了，发现身旁的伙伴却还在睡，你一边叫他，一边忙着起身收拾东西，同伴还不起，你过去叫他，发现他一动不动，最后判断出他死了。"通过这样的启示，旁边找一个同学陪他躺在那里。凡有一定实物想象的学生，很容易相信环境，因为有真实的对象使他容易相信对手，发现同伴脸白了，手冰冰凉，这些细节我们都可以提示给他，于是王朔

与表 89 班同学合影　1989 年

受到感染，相信了发生的事情，自然地进入了表演状态。如果这样细致地提示了，他仍做不到，那么我们就对他作为演员的基本素质有一定的怀疑了。而王朔做到了，所以被顺利录取。

和这种题目相似的我也见过，有的老师这样出题：“这是太平间，里面有好几个死人，你的母亲是其中的一个，你来找吧。”

考场里什么都没有，没有门，没有医护人员，只摆了一张空荡荡的床，考生怎么想象这里是太平间？他上来后肯定无所适从，但他又知道前提是母亲死了，他肯定不能不哭。没有环境，没有对手，只能对着空床演，别说是考生了，就算一个成熟的演员，让他在这样的情境下演也未必能表演得很精彩。我见考生上来都只能在那里没有判断、没有感觉，就开始拼命地做哭状，假模假式地大哭，这样怎么能看出考生素质的好坏呢?

因此，教师出题很重要，我们能否把招生考试当做一次授课，在考查中包含对他各个方面的了解，包括为人处事的态度、情感饱和的程度、语言的表达能力，尤其对没有经过训练的学生尽量做到细致地启发，让考生尽可能地相信。信念强的会很快根据你的指引和诱导而相信规定的情境，我们考试的目的不是让他不知所措，而是让他表现出自己所具有的才智。

考试中一定要注重观察考生的状态，包括他的态度是否积极、是否不懒惰，这是很有必要的。这关系到他以后会如何对待学习，如何对待自己的工作。当然有的人也过于张扬，过于表现自己，那他有可能就这么点东西了，内心什么都没有了。同时也要避免忽视一些较为内向的学生，有的考生属于性格较为寡言少语的，但素质未必就不好。比如表82班的娜仁花，她本人性格很内向，生活里不会在人多的情形下表现自己的热情，但她的内心却非常火热、丰富而又细腻。

又比如表89班的俞飞鸿，表面上属于温柔有余、热情不足的女孩，实际上她确实也属于不外露而内心丰富的人。当我观看她导演的影片《爱有来生》的最后结尾时，她饰演的女主角阿九悔恨交加地在大树底下打滚，感到此时此刻她放纵了自己的情感，充分表现出了内心不可抑制的激情。作为演员她很会表达情感，也掌握了正确的表演技能，这一点，我很欣赏她。演员各自性格不同，但情感的表达上必须是具有激情的。

通过一、二、三试短短的接触就断定一个考生是否能做演员，确实有困难，也很残酷，事实证明失误是不可避免的。

这么多年走下来，在我经历过的考场上，当时没有被录取，而事后他们通过自己的努力，证明了自己的确能够成为好演员的考生不是一两个，而是有不少，至今有时想起，还觉得挺对不住当年的这些考生，可以想象他们当时受到的打击，好在他们又是幸运的，他们没有放弃，经过自己的不懈努力，终于实现了梦想，获得了成功。我在心存歉意的同时，也由衷地敬佩他们的毅力，为他们高兴，并祝福他们。尽管没能在我们招生时走进学院，但有的后来成为下一届北京电影学院的学生，有的考进别的学府，有的在长期实践中取得成绩，我还大致记得他们的名字，不断地在关注他们的每一部作品，真心地希望他们做得更好。

艺术院校的招生工作之所以这么重要，在于它是能否培养出合格人才的第一步，也是关键的一步，选拔的对与不对都对学生的一生负有责任。教师在选择标准上会表现出较大的差异，所以作为教师要不断地总结经验教训，提高自身文化素养和教学能力，也包括出题的技巧、观察和鉴别的能力，尽量做到公正，这需要教师为人正直，不谋私利。

我谈这些，没有教育谁的意思，毕竟现在早已不是说教的年月，我只是谈自己的一些感受，希望教师在招生的过程中本着对每个考生负责、对学校负责、对我们个人所热爱的影视事业负责和对我们的良心负责的态度。

五、初学者如何迈出第一步

无论是戏曲、话剧还是影视演员，其共同点是以人自身为创作材料进行人物塑造。

表现形式不同，表演的手段不同，但运用自身是相一致的。也就是说若想做一名影视演员，首先要通过对自身的训练来完成和掌握表演技能。因而我认为一个懒惰的人，一个对自己的肌体、心气、情感都懒得调动的人，就不要做演员了。

电影是一门与科技发展有着紧密联系的艺术，随着时代的发展，电影从简单的直录到现在由多种元素组成的综合艺术，体现手段丰富多彩，它可以细腻到表现最微小的部分，也可以伸展拍摄到满山旷野，以至宇宙，无所不及，但无论是什么场景，什么画面，都在努力创造一种真实，包括银幕上出现的机器人、外星人，他们都有人的思想、人的情感、人的动作。为什么？就是要创造真实感，追求真实的效果，以达到感人的目的。既然外星人都要做到真，更何况我们真人去演人呢？“真”就是电影中所需要追求的氛围。

因而对初学影视表演的年轻人来说，迈开第一步就是要做到“真”。

我在学院授课时，因招来的学生毕竟是经过考试选拔出来的，所以从素质上讲大多都具备一定的优势。离开学院后，十几年来我在外教授的学生不少于在学院的数量，接触了大量的初学者，比以前更了解他们，对这些初学者在教学方法上自然应该有所不同，起步简单些，进度慢一些。

我上的第一堂课，第一个练习常常是“找东西”。

拿一本书，或是一把钥匙、一个钱包，告诉学生我们要把它藏在这间教室的某处，学生先出去，之后让他们进来在整个教室里寻找。当然，大家都很积极、认真地在找，这是生活，谁也不紧张，不管谁找到了，大家的表情都很自然。

教学瞬间

有的笑着说："我刚想上这儿找了，觉得不可能在这里，就没过来。"

有的说："怪不得找了这么半天，找不着，谁放在这了？"

你一言，我一语的，交流非常流畅而自然。之后，我们把东西还放在那里，让他们出去，重新走进来，按照刚才那样寻找一遍。此时他们明明已经知道在什么地方了，却要做寻找状，要当做不知道的样子来找，这时实际上已经是在表演了。

这样做的目的就是要让初学者体会什么叫表演，表演难，也不难。

不难就在于生活中，只要不是智障，不是神经不正常，无论谁，遇到什么情况，都会应对。那么表演就是和生活相同。

这当然只是起步，表演并不等于生活。但这样做，学生首先获知的观念便是影视表演不能脱离生活，影视表演无须过火、瞎演。影视表演就像我们的生活。

之后当然是小品命题，越来越难一些，规定情境也会越来越尖锐，人物关系也逐步复杂化。

我很喜欢出这样情景设定的练习：长椅前，油漆未干。这是感觉的练习，只要有想象力，谁都能做。当然即使做这样一个简单的练习，也要让学生设定自己从哪里来，上这儿来干什么，为什么坐在这里，有的学生做得非常好，他坐下后，当他起身时，停住了，又起身，似乎被什么粘了一下，这种细小的动作表现了他相信这张长椅上的油漆未干。

在长椅前可做的练习很多，例如约会、偶然相遇、出发之前、候车室、医院等场景，要让学生们相信环境，相信发生了什么事情。

每个学生都可以上来做，无须在一开始就让学生去编小品，我们可以把这一段教学称为非固定小品教学阶段，下一步再去让学生编和做较为完整的小品。

这样的题可以有很多，可以随意出。

比如打三个不同的电话。

生活中谁不会打电话？都会，但表演中打电话，没有对方的声音和呼应，要自己想象对方的话语、口气，自己做相应的反应。

1990年给武警文工团的学员上课，我出了这个题，要求对手不同、心境不同、发生的事情不同，有的学员做得很简单，没有趣味，而有的则不同。女生蒋斌（后来留在北京电影学院做形体教员）第一次做，就非常好。

她的第一个电话是和老家的父亲通话，非常亲切、热情，突然电话断了，她急着又拨，通了之后，问长问短，最后反复说：“我挂了呵，我挂了。”表现出对家人的深厚感情和留恋之情。

第二个电话是和男友通话，二人正在不愉快地争吵中，最后她生气地挂了电话，电话又响了。

第三个电话，她以为又是男友的，拿起来就呵斥，结果不是，正是她的顶头上司经理，态度马上转化。虽然我们出的题就是一个简单的电话，但她表演得非常真切，非常有趣味。快二十年过去了，她表演的这个练习我却仍十分清楚地记着，说明她的表演十分认真，可信、生动。

还有一次是给天娱的艺人上课。从未学过表演的苏妙玲（2011湖南卫视“快乐女声”全国第四名）第一次做的练习是在公共汽车上，她坐在车上的感觉，以及突然发现包里手机丢了之后的状态都演得十分准确。

还有一位叫喻佳丽（2010年广东卫视“唱响亚运”歌手挑战赛全国总冠军）的，很松弛，放得开，她和对手演戏，愿望表现得十分强烈和准确，后来我表扬她，说她的眼睛会说话，这可能和她们已经接受过唱歌的锻炼有关系，毕竟她们是从许多许多选手中选拔出来的优胜者。

素质的好或差，通过练习是可以看出来的，因此初学者如果逐渐发现自己的素质不够好，那么最好还是做其他选择，否则也是耽误自己。

最大限度地解放自我，恢复人的自然天性，使学生初步做到当众情况下消除紧张感，约束感，是初步掌握自己的驾驭能力的基础，当学生能够在当众情况下做到合乎逻辑地行动后，自然就要提出进一步的要求，我们要让学生明白表演是一门艺术，生活化的表演不是没有提炼。生活中一个人在房间里待上一天，也没人管你，在舞台上不行，在镜头前不行。要明白表演的时空是十分珍贵的。

蒋斌打的电话为什么生动？那是因为她的状态积极，她面对不同的人物有着不同的态度，非常鲜明，这就说明她及时把握住了准确的人物关系。

一个演员不经过亲身的体验，是不可能领会表演真谛的，它的最大特点就是在实践中去体会，去捕捉人物的状态，这种状态也是我们生活中的状态。

对初学者不必强制学生很快地表现出激烈的情感变化，因为他没有达到那样的水平时，他可能只是在那里挤感情、挤眼泪，用吼叫代替真正的激情。其实只要按部就班地使学生做到相信规定情境，相信复杂的人物关系，他的情感也会自然流露出来。

2001年给电影学院演员交流中心上课时，有位学生廖芊芊，她现在已经成为著名歌手。她做了一个小品《离婚之前》，内容是丈夫要离婚，她并不愿意，因而她回到家，非常生气地收拾东西，在无奈的情况下准备离开，实际上她对丈夫非常不满，偶然间她发现了一张诊断书，原来丈夫患了不治之症，此时她才知道丈夫是因为爱她，不想牵连她，才做出离婚这个决定的，她非常难过，并表示一定要陪他渡过难关，一定要陪他走完最后的日子。

她演出的时候并没有哭泣，也没有流泪，我们接着上课，这时只听见院子里一个女孩号啕大哭的声音，我说："怎么了？谁在咱们这哭？"

原来廖芊芊演完之后，心里太难过、太憋屈，她一个人跑到院子里彻底发泄了她刚才在戏里被压抑了的情感，说起来很可笑，但这说明她真的相信了，她真的动情了。

我们常说演员需要爆发力，所谓的爆发力是指人物情感的波动在积累的过程中达到顶点。优秀的剧作常会让人物处于这样的情景之中。

基础训练过程也常会遇到这种情况，有激情是好的，但也要让学生明白"爆发"不是毫无顾忌，演员在情感冲动时也要懂得控制。

表89班邵兵和王朔做过一个小品《兄弟俩》，内容是弟弟把录音机弄坏了。邵兵是位素质很好，又富于情感的人，他在做这个小品时，真的愤怒了，他原本是运动员出身，体力强壮，火起来差点把弟弟摔倒在地。记得当时我说他："你真像一个愤怒的大狗熊。"

演员表演既要真实，又要有控制力，绝不可不管不顾。我说的是邵兵在电影学院第一学期上课时的情景，现在他当然已经是一位成熟的演员了。

练习也好，小品也好，内容和结构都相对简单，虽然很小，但它却包含了表演的全部元素，首先要想尽一切办法使学生产生自信，对特定的规定情境产生信念，能够在假定的环境中焕发人本身所具有的一切功能，这是指摆脱束缚感。在摄像机前具有排除杂念和周围一切干扰的能力，达到一种忘我的状态，当然这种状态不是真的忘我，只是尽力，同时要懂得控制自己。

现在的年轻人一般都较松懈，可以说是一种通病。我称之为“肉”，我的学生差不多都知道我会说：“你怎么那么肉！”“咱们别这么肉行不行？”等等。实际上松弛绝不是松懈。

我常让他们在舞台上快走，快走，再快走！这是因为初学者在掌握了人物的自然生活状态后，必须懂得鲜明和强烈的节奏在表演中的重要性。

演员要想很快地调动起肌体、情感，必须在生活中就把自己变成一个勤快人，这也是我对初学者的一个要求。

我会在第一堂课上对学生谈三点：

一、真诚。生活中为人真诚，不虚假，表演才可能做到真。

二、富有激情、关注旁人、关注社会，爱自己的亲人、朋友，才能在表演中体现真情。

三、勤奋，酷爱表演艺术。因此才会坚持，才会努力，为此做好准备，机会来临时才华才能得以展现。

表演教学面对的是性格各异的学生，而学生需要展现的是各种不同类型的人物。

人的复杂性决定了表演教学的复杂性。

究竟用什么样的教学方法？人各有异。我赞成灵活多元化，条条道路通罗马，也从不干涉别的老师的选择。

我的观点是，对初学者必须首先让他做到“真”，之后再稳步提高。如果一开始就允许他们瞎演，把所谓的解放天性简单地看成只要放得开，只要敢洒狗血，就是好样的，我认为那样可能以后再纠正起来就会很麻烦啦。

在我多年的教学过程中，越来越觉得这种教学的程序和方法是有效的，对初学者掌握正确的影视表演技能是有益的。

六、做一个表演教师容易吗

过去中小学教师、大学老师、教授或者幼儿园的老师都是受人尊敬的职业。“文革”中对知识分子的冲击、对教育界的横扫使专家教授成了反动权威，这或多或少使教员的地位下降了。目前有个别的中、小学老师丧失了人性，行径恶劣，甚至大学教授有抄袭剽窃学生的论文成果的行为，有人根本不顾教学质量只为了敛财牟利等，都给“教员”这一神圣的名字抹了黑，当今做一个教员确实不容易，因为在部分人的心里，他已经不那么高尚了。

那么做一个表演教师容易吗？当然同样不容易。

表演艺术本身的最大特点在于“人演人”。表演教师的任务是要调动学生的全部身心去创造另一个活生生的人。这一本质特征决定了电影表演教学的复杂性，也决定了教学的难度。它的最大特点是实践性，须运用自身的感受，去体验去表现。从来没听说过某人看了大量的表演理论书籍，或者听了无数名师讲授的表演理论课，就会演戏了，可能吗？绝对不可能！

表演的特点是必须亲自学，亲自演，亲自去行动，才可能做到真实的感受、体会，也才可能生动地展现人物。在表演课堂上学生不宜过多，否则学生上台的机会就会减少，一个班若超过三十个人，以一上午四课时计算，想每个人都能上台几乎是做不到的，不要为了赚钱而多招收学生，那样是对学生极端不负责任的表现。

表演教师自身的修养、欣赏水品、审美情趣、为人品格都会直接或者潜移默化地影响学生。有的人曾经问我，为什么你们和学生的关系那么密切，这是表演教学的特殊性及其形式决定了的。因为表演教师也必须对自己的每个学生进行深入的了解，所以在校期间教师和学生相处的时间最多。

课堂上肯定什么、否定什么，选择什么教材，以及对教材的分析、处理，都会在

高仓健、吉永小百合来表演系观摩

排练中直接体现出来，对表演的评价往往也带有很强的个人色彩及观念。表演有时确实没有一个标准答案，其中甚至夹杂着某些个人情感以及喜好。喜欢的学生演得不怎么样也会看着舒服，不喜欢的演得不错，也不太满意。所以，表演教师要公正，要提高自己的欣赏能力，这样才能取得学生的信任。

学生学习表演是以自身进行人物创造，因而有一个从演员自我过渡到角色的转化过程，首先要对自己有一个明确的认识，知道自己的性格、习惯、爱好和脾气，有什么优势，什么不足，这样他才能够做到不断地修正自己，丰富自己。

这个工作如何来做？当然是在表演老师的帮助和指导下来进行。

奔忙于北京电影学院 1986年

为了了解每个学生的特点和性格，表演老师需要付出大量的时间和精力，才能更好地指导学生。

教员对作品理解的深度也决定了学生对人物理解的程度。如果教师很肤浅，显然不可能为学生讲解剧中人物准确的心理活动和外部动作，因而也使学生不可能正确地塑造人物。

上课时，好的老师讲三个小时，学生还爱听，差的老师讲二十分钟，学生就已经坐不住了。教师要有吸引力，要有调动学生积极性的本事，要让课堂活跃，让学生有一种冲动，愿意上台，愿意尝试来回折腾自己，愿意调动自己的思维、形体和情感，从而有更多的体验和感受的机会。

老师要让学生活跃起来，目的是要让学生解放自己。解放天性不是无所顾忌地放纵自己，更不是演那些庸俗不堪的东西，艺术是美的，生活化的表演也不是纯自然主义的。记得刚入学时，表89班的一个女生做小品，因为她过于单纯，也不知道应该选择什么题材，她演了一个上厕所坐马桶的练习，过程当然是假装解裤带，这本来就十分可笑，但她那时的确不懂，我们不能责怪她。还有一次表85班有位男生表演了打球回屋脱袜子，他闻了闻臭袜子，嫌臭，于是扔到一边。他表演得很真实，很生活，但我说：“这是我看过的最拙劣的小品。”同学们当时听了很震惊，认为我批评得过狠了。其实作为演员应该明白艺术不是生活，生活中的事情不是都能搬到舞台上，是需要经过提炼才可以的。

表演教学的灵活度，它的凭感觉来判定学生的优与劣，也是其他任何专业都无法相比的。如果泛泛地谈教学质量的提高，很大成分是在教员，相比之下在表演教学中教师的水平则体现得更为明显，更为直接。

表演教师的不容易还在于必须采取因材施教的教学方法。老师需要熟悉每个学生的各个方面，包括性格、情感的表达状态等等，这不是在大课堂上给上百学生上课，老师可以对他授课的内容、方法进行调整，而无须对每个学生的个人状态进行研究，但表演教师必须对班里的每个学生都有所了解。

表82班张晓敏、林芳兵、张康尔素质都非常好，是典型的易激动型，而同班的张晓林、李芸、严晓频则属于较为理智型，前者需要让他们学会控制自己的情感，后者则需在排练的过程中增强他们的爆发力。易激动型的学生情感波动明显，反应敏捷，但常常不够准确，缺少分量；较理智型的在调动情感上比较迟缓，但一旦动情，则很细腻、生动、感人。

表82班二年级时有拍片实习作业，林芳兵拍的片段是《人生》中巧珍和高加林作最后告别的戏，巧珍知道挽回不了高加林的心，于是表示他可以走了。林芳兵在拍摄近景时，突然不干了，边哭边说："我为什么要放他走？我不想让他走！"这说明

伊文斯观摩82班表演课　1983年

此时林芳兵确实体验到人物的心境，感受到巧珍对高加林的爱，因此抑制不住自己的情感，但剧本不是按演员的思路去写的，编剧有自己对这个人物的理解和处理，因而演员必须要努力地接受角色的感受，完成人物的行为。剧本里是那么写的，演员怎么可能依照自己的意愿而改变剧中人物的性格呢？现在我想起来还觉得林芳兵十分可爱，又很可笑，不知道她现在看见我提起这件事情时，她会想些什么。拍《雷雨》片段时，林芳兵饰演繁漪，在和大少爷的一场戏中，她控制不住自己眼泪哗哗地流，我告诉她这样违背了人物原有的性格，繁漪在周萍面前，即使想哭，也要把眼泪咽到肚里，绝不会在他面前掉下一滴泪来。这就是感情丰富的林芳兵。她毕业以后塑造了无数感人的银幕形象，如《唐明皇》中的杨贵妃、《一个女演员的梦》中的叶蕙等。她是一位十分认真、努力，对待表演艺术创作非常有责任心的好演员，还是一位潜心生活的才女，诗、词写得非常精彩，可见她在艺术上不断地修炼自己。

李芸在表演《苔丝》的片段时，有一个细节是要给德伯维尔伯爵下跪，她总是有些放不开，表演节奏也上不去，我就要求她迅速地下跪，并同时大喊出来，几次之后她终于有所突破。后来，我看她在杨延晋导演的影片《夜半歌声》中的表演很好，非常投入，很感人。她的形象纯净而朴实，也是一位不经修饰就很纯美的天然美女。当年，年轻的女演员各具特色，绝没有现在这样千篇一律。我对表82班的学生十分欣赏和满意。这个班的学生还有娜仁花，她的性格不同于张晓敏和林芳兵，她虽然情感丰富，却十分内向，有时甚至有些拘谨。排练片段时，让她和赵君表演《骆驼祥子》中的虎妞，开始她连大声喊“祥子”，都不好意思，后来经过排练过程中的不断摸索和感受，演出效果非常好，还录下了宝贵的视频资料。

表85班的赵静，平时看上去是标准的温柔美人，也属于不太放得开的类型，我也刻意安排她演虎妞，记得当时由已留校当老师的谢园和她一起排练，提高很快。表85班的宋晓英那时刚刚演完《第十六号病房》，无论是她周围的人，还是她自己都认

表 87 班学生毕业论文答辩

为她是属于柔和善良型的演员，刚入学时做小品从不演另一种类型角色的戏，甚至思想上有些障碍，觉得反正在银幕上也不会扮演别样的人物。当时课堂上我常说她的一句话是："看把你温柔的！"至今表85班好多同学都记得我当时说这话的语气，并时常开玩笑地模仿我。其实，作为教学手段就是想让她有意识地突破一下已经习惯的表演状态，于是就强迫她去演在市场里卖菜刀的农村妇女，虽然在当时只是一次很小的体验过程，但毕竟能使她对自己有了新的认识，增强了塑造各种类型人物的信心。现在，我看到宋晓英仍活跃在影坛上，最近还饰演了王光美，对于演员来讲饰演真实存在的人物，无疑是个难题，应该是较难驾驭的角色类型，但她从形象、气质到表演都很到位，非常成功。

教材的规范化并不影响因材施教，许多经典名著可以留作永久教材，每个班都可以用来排练。我喜欢《金玉奴》、《西厢记》、《雷雨》、《骆驼祥子》，以及一些国外的经典剧作《牛虻》、《娜拉》、《望乡》、《一仆二主》、《蒲田进行曲》以及吉剧《包公赔情》。苏联电影《第六纵队》是我特别喜欢的，我甚至根据分镜头剧本把它改编为九场话剧，其中最精彩的一场戏是第九场。表85班的唐国强、宋晓英、梁同裕、何伟、赵静、刘信义、肖雄都演过这个片段，2006年甄锡（电视剧《杀狼花》中饰演女主角）在和我学习表演三年之后，也排演了这个片段，进步非常明显。这个片段中涉及的人物关系异常复杂，规定情境尖锐，没有掌握一定表演技能的学生是演不了这个片段的，因此在排练的过程会很好地锻炼演员。

在基础阶段如果走的路子是正确的，那么在排练片段时可以看到学生明显的提高。表89班的俞飞鸿长得十分秀气，显得很乖巧。在片段阶段，她和身材魁梧的邵兵排练了日本影片《人证》的最后一场戏，日本母亲八杉恭子为了维护自己的名誉杀死了千里迢迢从美国来寻亲的黑人儿子，俞飞鸿饰演母亲，邵兵饰演儿子。这场戏是很难演的，两个人的形象又有差距，然而由于两个人都很投入，表现出来的情节使我们完全相信他们塑造的人物关系，相信他们的处境以及发生的一切，表演非常精彩，给我留下了很深刻的记忆。另与他们同班的柳云龙和马川在《牛虻》片段中分别饰演父亲和儿子，对手戏很好看，并且非常有分量。还有王茜的《蒲田进行曲》，表89班的大多数同学都在那一阶段有明显的飞跃式的进步。

娜仁花和王蕙演了日本电影《望乡》中的片段，是女记者探访曾做过妓女的阿崎婆的一场戏。女记者经过多日的采访终于要离开阿崎婆这个孤独善良的老人，当阿崎婆得知女记者今日就要离开时，她非常难过，女记者临行前要给她一笔钱，她坚决不要，只是怯怯地和记者提出要她那已用过的一条旧毛巾，当她拿到毛巾之后，其实她已经控制不住自己的情感，但仍强忍着，直到最后才用毛巾捂住自己的脸号啕痛哭起来，这段情节十分感人，这说明娜仁花在排演的阶段学会了控制自己的情感，同时也能放肆地发泄自己的情感，达到了做一位好演员所要具有的表演技能。和她演对手戏的王蕙刚开始时有些把握不准人物的状态，在一遍遍的排演中慢慢地理解和感受角色的心理，表演时的激情也非常饱满。毕业后她在电视剧《啼笑因缘》中饰演女主角获得极大的成功。

与娜仁花在青岛

做表演教师有一个好处，可以免费看很多当年名不见经传，而今却已经声名大噪的名演员的戏。

记得1981年我在中戏小剧场，观看表80班第二学期的表演考试。其中姜文和吕丽萍演的《侯叔叔》，表现一位解放军和吕丽萍相见，二人热情之极，结果最后才知道这位解放军走错了房门，十分有趣可笑，表演十分真实。印象中姜文还表演了《曹禺先生上台》，那是我第一次看到姜文，并且牢牢地记住了他的名字。还有江澄的《末班车已过》，他和岳红两个人磨磨叽叽的状态很生动。还有丛珊他们表演的《卖花生的姑娘》等等。电影学院学生的戏更是看得很多，如表84班王志文演的独幕剧《父归》、蒋雯丽演的《妇女代表》，她站在炕头上和丈夫争吵，我至今还记得那个画面。虽然都是小戏、小品，却都给我留下深刻的印象，这都是因为他们表演得的确非常好，才吸引人，时光虽然已经过去二三十年了，我仍然清晰地记得他们的每一个动作、表情和语气，记得从他们身上感受到的那种享受和美的冲击。现在他们不出所料地在表演上都取得了骄人的成绩，我很为他们高兴。

表演教师要使初学者在不知不觉中上路，那是因为影视表演艺术是将真实的生活形态进行银幕再现的艺术，虽然有时有些喜剧影片在表演上或许略有夸张，但它必须是在真实的感受基础上表现出来的某种夸张，表面化的虚假是不可笑的，喜剧效果的取得必定是在真实的基础上完成的。真实是基础，如果初学者在一开始就挤眉弄眼，就只会目中无人地喊叫，到了片段表演阶段，他就很难深刻地创作人物，很难去细腻地、准确地感受这一个和那一个不同的人物。

这一个或那一个人物是应该由老师帮助他们分析，帮助他们去理解，去体验，所以我认为做一位表演教师必须具备较高的文化修养以及深刻的见解，才能正确解读剧作，认识人物。一次看到学生演出《雷雨》片段，繁漪竟然穿了一身大红旗袍出场，尽管是在教室里考试也不应该被允许，有的演虎妞，面对祥子只剩下嗲声嗲气的依偎、撒娇，脱离了剧作赐予这个人物的个性色彩，也是很大的缺憾。有的演曹禺的作品、契科夫的作品时将原作改编成了另外的一种说不上来的玩意儿，那又何必打着大师的名义呢？直接瞎编一个好了。

老师和导演同样是在排戏，但所起的作用是不同的，老师要让学生掌握一种正确的表演方法。导演是使用演员，为完成他的这部影片而要求演员做到某种状态。老师的启发诱导则是需要设身处地地想角色所想，去以角色的思维、情感变化，细致地启发学生。表演老师最好不要长时间地脱离表演艺术实践。因为表演老师授课不是单纯地坐在那里挑毛病、指责学生，或者只要求调度。老师要深入角色的心理，与学生共同感受，从而才有可能更有效地实施指导。

表演教师和本科学生相处的四年时间，不算长，也不算短，我相信这四年对学生的影响是长远的。对教师来说，几个四年过去必然会从年轻到年老，从黑发到白发，但教师的心永远不变，希望学生过得比自己好，期待学生青出于蓝而胜于蓝。近日看到学生林芳兵转发的一段话："教书育人是一场暗恋，你费尽心思去爱一群人，结果只感动了自己；教书育人是一场苦恋，费心的爱那一群人总会离你而去；教书育人是一场单恋，孩子虐我千百遍，我待孩子如初恋；教书育人是一场群体恋，通过你的牵线搭桥相恋成片，老师却在原地一成不变。孩子你若不离不弃，我便点灯相依……"看到这些，我感触颇多，这段话写出了教师的心态和愿望，学生如同孩子，是老师心中永远的牵挂。

说了这么多，大概也只是做表演老师的一小部分具体工作而已。

因此，我会问："做一个表演老师容易吗？"

我的回答是："不容易。"

七、探索最佳表演是永远的课题

表演作为一门学问，有其独特的无止境性，谁也不能说自己的表演达到了最高境界，即使是获得世人瞩目的奥斯卡奖项的许多著名演员，他们确实十分优秀，或被观众认定为无人可以超越，但其实如此绝对的话是不适合评价表演的。因为表演艺术是如此的复杂，如此的灵活多变，如此的凭感觉来判断，从而产生了极其特殊的不确定性。当然我们也不会因为特殊性就不去追求最完美和最高的表演境界。

许多酷爱表演艺术，把它视为终生事业的演员都有一种渴望，希望自己做得更好，更完善，因而会在自己已经拍摄了一些片子之后，放弃眼前的创作机会，而重新投入到学习中去，为的是更好地充实自己，创作出更好的影片。早在1955年，中戏和北电都办过这种班，电影学院办了导演、摄影、演员进修班，来学习的都是当时很著名的一线的电影人。比如表演进修班有陈强、胡朋这样的老一辈的表演艺术家，还有当时很红的演员，如：于洋、张莹、杨静、莎莉等。

1985年电影学院在时隔三十年后，又招收了一个表演进修班，要求必须是拍摄过影片，并有一定影响力的演员。于是，那个时期较为当红的演员走进了课堂。如何对待这样一个班？表演系放着本科生没招，招收了这么一个班，无形中给自己增添了不小的压力。为了加强师资力量，院、系破例从中戏聘请了一位教授，形体、台词以及电影理论等各科也都安排了最好的老师。

表演课的教学方案该怎么制定，那时大家都没有教授这样一群特殊学生的经验，当年的55表进班是由苏联专家卡赞斯基主带，他们当时也是从做小品开始的，之后进入片段排演，最后以莎士比亚的《第十二夜》及高尔基的《仇敌》两部大戏作为毕业作业完成了全部两年的学业。那么表85班我们也从做小品开始表演教学，那时我带的表82班虽然尚未毕业，但系里还是决定让我也参加了表85班的教学。

在做小品的教学过程中，我们很快发现这个班的水品参差不齐。有的表演很松弛、自如、不紧张，有的上台后有些不知所措，台词也明显不过关，有个别的仅相当于本科学生刚入学时的水平。

起点高的同学是不是就没有问题了呢？也不是。

这个班的学生大致分为两部分。

第一部分起步做演员时，接触的就是电影，他们对镜头前的表演很习惯，表演自然，较为生活化。不足之处是很难做到连贯性的表演，注意力很难从开始坚持到底。细致的交流做不到，有时甚至可以丢掉对方，自己在那里焕发感情，或时常会断戏，不能完整地合乎逻辑地完成角色的行为，甚至连一个小品都不能坚持下来，节奏拖沓，常常只演一种状态，或者习惯于一切都是安排好的，包括环境、交流对象站的位置，稍有变动就不能适应，缺乏新鲜感，这是长期以来从事电影拍摄而形成的习惯。在小品排练的过程中，他们突出地表现出对人物没有完整的构思，不会组织动作，或者缺乏完成人物心理的愿望和心里动作的意识，只是习惯限制于一个镜头、一个场面地完成表演。

其实做到松弛那只是表演的初级阶段，成熟的演员要有对人物行为节奏起伏的把握，而不是随心所欲，把节奏交给导演，当然电影的整体节奏是由导演控制，但演员在一个小品里都不能准确掌握节奏，说明其在表演技能的掌控上还有很大程度的不足。

另有一部分同学是话剧演员出身，他们的优势在于能连贯地表演，台词有基本功，吐字清晰，但是表演时容易使劲，也就是存在演的痕迹，同时易缺乏新鲜感。而影视演员需要的是一切仿佛是第一次，而不是预知。由于舞台创作是在无数次的排练中完成，一切都是在假定的环境中进行的，所以演员要习惯于重复性的表演。

无论是哪种情况，对于做小品，包括如何构思小品，他们都不太习惯，于是产生

面对“明星”们的教学　1985 年

了疑惑。

其实小品练习不仅对初学者，而且对拍过一些电影的演员，都是极好的检验和培养自己适应能力的阶段。

在上了将近三个月的小品课后，同学们提出了这么几个观点：

一、我们是学电影表演的，需要学习有关电影特性的表演，它的特点就是瞬间的表演，因此我们不用一气呵成地演戏。

二、现在没人爱看话剧，我们将来也不是去演话剧的，因此我们不需要舞台表演训练，这对我们不合适。

三、因为银幕形象是有局限性的，有些角色不可能让我们演。因此，我们没有必要去学习扮演那些在银幕上不可能让我们演的角色。

四、没有摄影机前的冲动，很难调动起自己对创作的热情，对现在的课感到疲乏，没有什么兴趣。

五、自己原来的表演创作方法得到过肯定，小楼已经垒起来了，现在又让刨了，所以很矛盾。

有的提出把他们曾经演过的片子拿出来研讨就可以了，有的说多看一些国外影片吧，有的甚至说表演课停了吧，等等。

此时，特地聘请来的中戏的教授已经推辞邀请，不愿意在此任教了。

同学们走进了大学的校门，充满了求知的欲望，却无形中陷入一种迷茫，这种状态我能理解。但问题是我们该怎么办呢?

至今我也没有弄清楚后来表演课怎么就还是继续上了。或许是两位系主任钱学格和刘诗兵的坚持，或许是出于同学们对我的信任，我和这个班的缘分一直持续到排完毕业大戏。

9月至12月的小品教学告一段段落后，从1985年12月中旬直到1986年的7月，进入了片段教学的阶段。

这期间同学们排练了大量的片段，题材的选择范围极广，古今中外许多名著，悲剧、喜剧都有。比如：郭旭新、赵静、韩再省排演了果戈理的《求婚》，张国民、李凤绪的《苔丝》，肖雄、赵福余的《原野》，王薇、韦国春的《娜拉》，唐国强、刘信义、宋晓英等排演的《第六纵队》，宋春丽、何伟的《恐惧》以及郭凯敏、刘继忠等演的《墙》，通过这一段教学，同学们在捕捉不同人物性格以及连贯性表演上取得很大的收获。

作为班长的唐国强曾说过一句话，他说："我们是先唱歌，后学谱。"他说得非常形象、贴切，而且意味深长，想一想，很有道理。歌都会唱了，又倒过来学谱，这确实有些难为人，唱歌容易，学谱可不容易，既费劲又枯燥，再说，这要是倒回去后，连歌都不会唱了，不是更麻烦了吗？所以我完全能理解他们走进校门后在学习过程中遇到的困难，确实非常不容易。不过，到了排演片段的阶段时，他们的学习状态开始稳定，也很积极，没想到的是这中间却又穿插了一个小插曲。

1986年5月法国女演员拉芬来访，被院方邀请走进了电影学院的课堂，观看了学生的演出，有歌舞、小品和片段的表演。她看了肖雄和刘信义演的《第六纵队》等片段。

她说："为什么要这么多话？像鹦鹉似的不停地说？为什么要排演这样的剧目？"她这一问，同学们都不言语了。

我只好出面解释："这个片段虽然是戏剧结构，但戏很集中，规定情境尖锐，母子二人的心理活动十分复杂，他们都希望把对方拉到自己这一方来，愿望和动作都十分强烈，对学生把握连贯性的表演和表现人物的行为是有好处的。"

她听了之后说："哦，我倒是看出了两位演员在表演的过程中闪现出人物之间的关系和互相的要求。"之后她简单介绍了法国演员的情况。她说："在法国只有喜剧学院专门培养舞台演员，那就注定他们学了这个之后，就再也演不了电影，你们的做法有点像。我们没有专门的电影学校，真正的电影就是银幕，只要真诚，真诚的东西表现出来就是最大的技巧。"她又补充道："气质、优点只能表现一次，因此，谁都可以当电影演员，但不是每个人都能演好舞台剧。"

随后，她带领表82、84、85班的同学做小品，题目是《天际旅馆》，让同学们在大教室里信步漫游，爱干什么干什么，做什么动作说什么话，随意，反正在宇宙空间。于是同学们在场子里走来走去，来来回回转几圈，结束了。

拉芬的意思我明白，电影表演需要真诚，这点是对的，在镜头前确实是需要抓住人物的某种状态、某种感觉，为此，拉芬还表演了一个无所思的状态，她说电影就应该这样演。

拉芬说的电影表演的特点是有一定道理的，然而中国的现状肯定不同于法国，我们有太多的电影演员来源于舞台，这是现实。

我自己认为电影演员在学习过程中有机会排练话剧是一个很好的锻炼，对全面掌握表演技能是有很大好处的。美国著名演员奥利维尔，既是舞台剧的演员，也是优秀的电影演员，事实证明，好的演员可以同时驾驭这两种不同形式的表演。

我们当今的影视表演更多的确实是带有虚假成分和较为过火的表演，或者说是带有较严重的表演痕迹。拉芬所说的确实是电影表演所应该具有的特性。

我在给表85班上课的同时，受导演系之邀也给导85班上课。

当我走进导85班教室的时候，学生们给我的第一印象是高的高，矮的矮，从形象上不像表演系那样整齐，有的戴着深度的近视眼镜。可能他们认为自己是学导演的，大多数对表演没什么兴趣吧，当时一个个学生给我的印象是无精打采地坐在那里看着我，意思是："看你能教我们什么。"开始时我的心有些凉，心想他们老没兴趣这可麻烦了，这不又给自己没事找事么?

但是令我意外的是这个班的学生非常活跃，非常有想象力，有创作力，这表现在小品的构思上、片段的选材上，以及在表演的能力上的明显进步。

一个学期的教学，他们能做到松弛、自如，并且在一定程度上表现了不同的人物性格。尤其在片段阶段，比如：娄烨和李骏的《月亮升起的时候》、王瑞和方天民的《生死恋》、胡雪杨和张德昌的《架着双拐的人》、路学长和凌云的《牛虻》。非常遗憾的是今年春天，拍了《卡拉是条狗》等影片的路学长已经离开了我们，他当时演的《牛虻》，那瘦瘦的身影仍留在我的记忆中。马晓勇和王小帅的《蒲田进行曲》，因为是根据日本影片改编的片段，王小帅自己特意围了一块白色毛巾在头上，这些细节都给我留下深刻的印象，他和唐革演的英国独幕剧《白杨路》也突出地表现了人物之间的关系和特定的规定情境。这两个剧目后来在表89班排练时，柳云龙、马川和刘

导演系的表演课　左一：王小帅　左二：唐革　1985 年

爽也都接过来进行了排演。

导85班的表演，时常会出现那种似会演又不会演，似在演又没有演的极其自然的状态，具有一种特殊的感染力。我在想："他们怎么会在那么短的时间内达到那样的一种真实的状态呢？"这引起了我的思考。

当我再看表85班的表演时，意识到他们大都已经太会表演了，很能演，却常常失去了那种原始的真实，那种原本在电影银幕上应该出现的自然状态。

我因此悟出了一个道理，当演员已经非常熟悉镜头前的表演，已经掌握了表演技能，也就是说具备了驾驭自己的能力之后，再回归到原始状态，有意识地去寻找那种自然状态，应该是演员努力争取的方向。也就是说一点都不露痕迹的表演，那才叫做真正的最佳表演。这是我在教学过程中总结、体会到的东西，是身在其中又

与韩小磊和导85班合影

置身于外思考后的珍贵而难得的参悟。我很感谢我的学生们，是他们丰富了我对表演的理解和认识。

表85班继片段之后，又排演了独幕话剧《母亲的节日》、《破旧的别墅》、《榆树下的欲望》等，从而有了更好的提高。

1986年9月表85班开始了毕业大戏的排演，选了两个完全不同的年代、国度、风格的多幕话剧作为毕业剧目。

一、中国古典话剧《赵氏孤儿》，特邀黄宗江编剧，主演唐国强、何伟、张国民、宋春丽、郭旭新、宋晓英、寇振海、吴玉芳、赵福余、赵越等。导演：马精武、刘诗兵。

二、美国田纳西·威廉姆斯所著的多幕话剧《夏日烟云》，主演：肖雄、刘

话剧《夏日烟云》剧照

信义、韦国春、韩再省、姜黎黎、方卉、王薇、郭凯敏、赵静、赵娜等。导演由我担任。

遗憾的是这两部都是悲剧。幸运的是同学们都很认真。

肖雄把自己的全部精力和体力都投入到女主角爱玛的创作中，这是一个典型的悲剧人物，我甚至看到肖雄因为极度投入地创作这个人物，在整个的排练过程中有些心力交瘁的感觉。刘信义是具有男子汉气质的演员，非常适合演剧中的约翰，这个角色前段的放荡不羁和后半段的道貌岸然，刘信义表现得非常到位。姜黎黎、方卉、韩再省等也十分努力，在整个排演过程中，我感受到师生共同创作的那种心脉相通的愉悦并十分享受。

这部话剧在当时还从没有人在中国尝试过排练和演出，因而对我们来说是不小的挑战，更是一个很好的锻炼和学习的机会与过程。

电影学院在教学安排上对这个班是极其认真而负责任的，不仅完成了大戏的演出，同时特邀王培公为他们写了电影剧本，院内派了著名的导演郑洞天为他们导演了一部影片，这就是青年电影制片厂专门为他们投拍的电影《鸳鸯楼》。之后，全班同学每人交了表演理论文章，并进行了毕业答辩，于1987年7月，他们离开了学校。

和表85班相处的日月确实带给我不小的压力，但这些也促使我付出更多的努力进行更多的思考，也正因为这段时光，我得到许多珍贵的精神财富。

表85班的学生现在仍有不少活跃在银幕上，比如当时年龄较小的李凤绪、吴玉芳、赵越等都还在演戏，她们的形象都非常美，且各有自己的味道。他们中不少已做了导演、制片等，三十几年的时光过去，今天我们回过头来探讨一下在电影学院学习

表 85 班毕业合影

时是怎样走过来的，还是很有趣的，我相信他们没有浪费这两年的时光，我为他们所做出的成绩感到高兴，在谈及教学过程中出现的问题时，时隔这么多年了，可以回头重新看看，思考一番，总是有益无害的。

我相信这个班的同学经过这三十年在各自岗位和生活中的努力和历练，也会意识到，其实他们当初才入学时的疑惑以至于不满，正是出于希望探寻和追求真正好的电影表演，也就是我说的，我们大家共同努力探索的最佳表演。

关于《夏日烟云》的排练及演出我就不再赘述，只附一份《夏日烟云》的导演阐述，作为这个章节的结束吧，希望看到这段文字的表85班的同学，能够再带你们重温那段时光和那段记忆吧。

《夏日烟云》导演的话

在这银白色的光亮的小小圈子里，一群远离我们的时代，远离我们故国的另一个国度的人们在生活。他们在有限的时光里挣扎着，极力点燃那同天地相比显得格外短暂的生命火花。他们乞求、渴望、期待……他们拖着长长的裙子走来走去，似是那么陌生、遥远，但又是那么熟悉、仿佛在哪里见过，无论是她、还是他……

世间最珍贵的字眼是——人。人非属其他，人是具有高尚灵魂的生灵，人不应该受到非人所能忍受的约束和压制。人应该像人那样去生活、去爱，也得到他人的爱。但人又应该准备承受那达不到尽头的苦痛。

我喜欢美国伟大剧作家田纳西·威廉姆斯的巨作。他那含蓄地、深深地埋藏在心底的火一般的热情感染着我、吸引着我，也激励着我们全体的创作。

如果当这小小的圈子的光亮已经熄灭，人们已经消失……尚能留下一些默默的思索，就是对我们最大的宽慰。

话剧《夏日烟云》剧照

八、在莫斯科教学考察的日子

1986年，送走了表82班，放下了表85班和导85班的表演课教学，我接手表87班的招生及教学工作，参与表84班的毕业论文辅导和答辩工作。同时参与了中国电影出版社的电影学术工程《电影艺术词典》和《电影表演分科》中部分条目的撰写工作。这年我还接受学院的任命担任了表演系教研室主任的工作。

这一年，在我最忙碌的时候，院领导突然通知我，国家教委组织高校学者出国访问考察，因为我既是资深教员，又会俄文，所以派我去苏联莫斯科国立电影学院进行教学考察，这是个很意外的消息。

苏联，曾是我多么向往的地方，本来我是有可能去那里的，只要去就是五年的学习时光，那时的我对那里的向往是无法用语言来描述的。然而此时此刻，虽然仅去半年时间，我却犹疑了。因为儿子正读高中，马精武带着表87班，我这一走，他们的生活会乱作一团。去，还是不去？后来考虑到学院只派我一个人去，既然已经做了决定，那就还是去吧。

这样，1988年9月14日，我独自一人登上赴莫斯科的火车，表87班的部分同学一大早起来上车站为我送行。

在火车上才知道这一车厢全部都是各高等院校派往苏联进行教学考察的老师，五天的时间在随意的聊天中度过，但仍然觉得时间过于漫长，总算熬到19日中午，到达莫斯科火车站。

幸运的是竟然有人来接，一位是莫斯科国立电影学院外事办的俄罗斯姑娘，一位是正在那里学习的中国研究生刘燕萍，有她们的帮忙，有车接，真是让我感到轻松多了，一路交谈也不记得车行驶了多久便到了电影学院的学生宿舍楼。

我的房间在二楼，是两间单元房，但楼倒像是北京的筒子楼。

为莫斯科考察之旅送行 1988 年

刘燕萍已在那学习了三年，俄语极棒，是位非常热心的人，两个房间中她帮我选定一个房间，之后执意要把另外一个房间里的大沙发搬过来，我说算了吧，太沉了，要不我就住有沙发的这个房间。她还不答应，说要住半年呢，一定要住得好，坚持搬沙发，沙发真的很重，最后总算弄了过来。她说："累得我肝都疼了。"我坐了五天五夜的火车也已经筋疲力尽，竟然觉得身上一丝力气都没有了。房间非常脏乱，听说前一阵什么人刚搬走，满屋子扔着各种垃圾，刘燕萍找来一位清洁工一起动手，总算大致打扫干净了。之后她拉我上楼去她住的14层吃点东西，其实我连粥都喝不下，没有一丝胃口，不过还是上去随便吃了一点，之后便自己下楼回宿舍，回到我住的二层楼时，站在楼道里竟然找不到自己住的房间了，这时才想起刚才没有注意自己的房间号码，幸好那位清洁工还在走廊里打扫，我用俄语询问她，才知道我的房间在走廊的尽头。

与莫斯科国立电影学院院长合影

进房间简单地收拾了一下，疲惫极了的我刚想休息一下，忽然看见墙上有蟑螂在爬，这里竟然有蟑螂？！

等我走进卫生间时，更有四五只蟑螂堂而皇之地在散步，哎呀！好心烦！更可怕的是早晨起来，一进卫生间，洗脸池里爬满了蟑螂，真是叫人好恶心。

这就是我到莫斯科的第一个夜晚，留下的是凌乱、肮脏的印象，确实有点出乎我的意料。

当晚我在日记里写道："要在这里住半年？为什么？不知道。"

我急着去买灭蟑螂的药，天天喷，躺在床上只要看见墙上有蟑螂，就站起来喷，不厌其烦，绝不手软，就这样，还喷不净、杀不绝。一天外出上课，我把一瓶药全部喷光，回宿舍时先打开门窗透透气，这样才稍好一些，但还是不能完全消灭，更想不到的是在房间里我竟然两次发现小老鼠，这叫什么楼啊？我还算是什么高级访问学者啊？唉！无奈啊！

第二天刘燕萍陪我去中国大使馆，路程很远，乘地铁倒汽车，总算是办完了报到手续。坐惯了北京的地铁，到了莫斯科才知道还有那么深的楼梯，上下楼梯那么长，第一次去的时候真觉得有些恐怖。

当天便去了电影学院，见到专管外国留学生的副校长、教务副校长和表演系教研室负责人。他们说我随时可以来学院听课，交谈。当天我便观看了表演系四年级的台词课。自那以后我和表演系的工作人员有了直接的联系，我的教学考察工作就正式开始了。

莫斯科国立电影学院正式成立应该是1930年，在这之前也称为电影学校。最早的领导人是导演加尔金，后有库里肖夫领导表演工作室，而且在二十年代、三十年代，都得到过斯坦尼、丹钦科、瓦赫坦戈夫、普多夫金、梅耶荷德等著名戏剧家、电影人的关注。普多夫金发表过文章说投票赞成设立电影学院。包括三四十年代的爱森斯坦、杜甫仁科、尤特凯维奇，直至五十年代的大导演罗姆、吉甘、格拉西莫夫都去学院教授过导演课，著名演员巴保其金、马卡洛娃等也都曾在此从事过表演课的教学工作，邦达尔丘克、巴达洛夫也曾在学院任教。我去的时候著名导演、演员邦达尔丘克（《一个人的遭遇》中饰演男主人公）是兼职，巴达洛夫（《雁南飞》、《莫斯科不相信眼泪》中饰演男主人公）是表演系正式教师。

莫斯科国立电影学院是一个历史悠久的高等学府，全世界约有五六十个国家的留学生曾在这里学习，因此他们非常骄傲，认为他们培养的学生遍及世界各地，他们的这种情绪与他们整个国家具有的浓厚田园式的文化传统有关，也与他们特有的一种保守的封建色彩有关。

身在其中，你会感受到那里与我们有较大的不同。莫斯科国立电影学院给我的印象是有点老大自居，其实我去的时候，所感受到的辉煌的历史似乎已经成为过去，失去了曾有的光环。在那里，我观看了各个年级的表演、台词、舞蹈、形体课，真正在职编制的教师并不多，他们系的主任坦言，好的演员未必是好的老师，愿意来的常常既不是好演员，也不是好老师。真正好的不爱来。他们认为教师队伍的补充和提高是十分困难的事。邦达尔丘克是制片厂的导演，有时会给自己的学生一些拍摄的机会，但大多数学生基本上缺乏在镜头前的排练。台词课偶有录像，我看过一些，学生台词很自然，表演松弛、流畅。表演的风格很正统，不夸张不过火。但使我不太明白的是不知道为什么学生大多形象一般，有的甚至让人怀疑是通过何种渠道进入学院的。尤其是去莫斯科国立戏剧学院听课，学生形象、条件极差，是不是他们原本就需要培养各种类型的演员呢？实在是搞不清楚。总之，学生的状况不像我想象的那样，最使人不快的是我按上课时间赶到学院时，学生经常迟到，总是不能按时到齐，拖延二十分钟甚至是四十分钟是常事。上课时似乎也不十分严格，学生表现得有些松懈，有时还笑场。老师对学生的状态也很不满，但无奈。

记得还有一次，研究生玛娅告诉我，下午两点有巴达洛夫的课，如果有兴趣可以去看看。我当时心想巴达洛夫是位著名的演员，他在《雁南飞》、《莫斯科不相信眼泪》中精彩的表演真是让人折服，机会难得，一定要去。也不知道玛娅顺嘴随便说的，还是课程安排临时改变了计划，当我1点45分到达表演教室时，室内空无一人，我想他们大约是习惯迟到了，便等了一会儿，此时楼道里有几个零散的学生，便走过去询问他们："这儿一会有表演课吗？"他们说不知道。直到2点50分依然不见老师的影子，我在走廊里就像一个茫然的傻子一样站着。有一位叫莲娜的表演系的工作人员，还有一些表演系的学生在这期间目不斜视地从我身旁不到一尺远的距离傲慢地走过。我心里不由得慨叹："天！这个民族。"此时，我想起了在宿舍楼里有位基辅的姑娘查房时聊起过，她说莫斯科人不热情，互相不关心，她怀念她的家乡基辅。

这一次，我在苏联考察期间未能见到巴达洛夫，倒是2005年表演系组织我们再赴莫斯科访问时见到了这位仍在学院任教的老艺术家。

1989年1月3日我在日记里写了这样几句话："在房间里把需要给莫斯科国立电影学院表演系的资料整理好，准备和系主任谈话时交给他，他们重视与否，我已经无法左右。在这里我已经度过了四个月的访问时间，真是感到枯燥。看他们人与人之间也感受到'人情淡如水'这几个字的含义，是什么原因？生活太没意思了？没有一个明确的共同的奋斗目标？这里的人们一面是盲目的爱国主义，一面是吃着自认为十分优

重访莫斯科

越的大锅饭，形成保守、懒惰的习惯，整体松散得十分厉害。这些都是平均主义的大锅饭造成的吗？这次来访问对此风气真的没有好的印象。”这是当时我对苏联这个国家的状况的思考。那时正是苏联解体的前夕，也许正巧让我看到了这些。

我去考察的时间，正赶上苏联由于长期不重视轻工业和农业而引发市场萧条，商业网点极少，日用品供应短缺的阶段，无论买什么都会排起长长的队伍，尤其是食品供应，买面包要走很远才能见到一个面包房，大米更是奇缺。我想喝口粥，都会因为没有大米而经常不能如愿。

12月底的一天，我去电影学院看他们的表演考试，四点半结束，晚上去看话剧，就打算中间不再回宿舍直奔莫斯科小剧院，我心想到了那里随便吃点便可以了，剧院附近一定会很热闹。没想到在冰天雪地的大街上我足足转了两个小时，竟然没有看到一家店铺，后来我只好寻哪儿有光亮就走过去，到最后也没有找到一家卖食物的店铺。还有一次，也是四点晃到七点，最后总算找到一个很小的咖啡馆，喝到一杯咖啡，吃了一块奶酪点心。对外国留学生来说，在那个时期吃饭的确是件麻烦事，宿舍楼里有个房间备有电烤箱，可以去那里做吃的，室内有小电炉，自己烧水也可以做饭。一次我烧上水，便下楼去倒垃圾，因为垃圾口道非常小不好倾倒，我便把屋门钥匙顺手放在窗台上，之后又想着顺便去楼下看看是否有来信，那时候，从北京到莫斯科一封信需要走二十多天，因为很担心儿子的学习，我感觉天天都是在等信的状态，结果在信箱里意外地收到了王迪从格鲁吉亚发来的一封信，他是老留苏生，会说一口流利的俄语，此时他是在格鲁吉亚制片厂谈合作拍片的事情。我边看着他的信边上楼，走到门口才想起把钥匙放在楼下的窗台上，于是迅速下去，结果窗台上没有了钥匙，这可把我吓了一跳，房间里电炉开着，水烧着，万一……于是我急忙询问，还好传达室的人告诉我：一位叫瓦夏的人拣到一把钥匙。我问："人呢？"她们说："走了，刚出大门。"急得我奔出大门，大叫："瓦夏！"还好！一个小伙子回过头来望着我。还真的是他捡到了。天哪！真是好危险，这要是他人走远了，不知何时回来，我的房间岂不是要失火了么？！那一次，真的把我吓坏了，所以直到二十年后的今天还记忆犹新，从此，再也不敢随便用电炉，小心又小心，绝不敢再大意了。

他们的教学，他们对学生以及宿舍、设施的管理，和我们电影学院八十年代的状况相比，我真的可以骄傲地说，我们的电影学院才可称之为一流的。

此行，让我注意到并十分赞赏的是俄罗斯民族十分重视民族文化的传统，每个班无论是表演课还是台词课，大多是选自本国家的作品，比如契科夫、果戈理，以及苏联现代作品，而我们则因为在选材上有些困难，对自己国家的作品挖掘得不够，重视得不够。

考察期间有幸看了无数的电影与话剧，电影如《相见恨晚》、《玛丽娅和她的情人们》、《两个人的车站》、陀思妥耶夫斯基的《罪与罚》等。话剧有由莫斯科共青团剧院演出的《危险游戏》、现代人剧院演出的《第七个功勋》、玛列柯夫斯基剧院的《瞧，谁来了》，还有普希金话剧院的剧目等。给我印象最深的是话剧《樱桃园》的演出，非常严谨而且表演得十分生活、自然，每个男演员都具有男人的气质，确实与我们的男演员有所不同，舞台布置很真实。当然个别现代戏也有较为夸张的，但大多数剧情都很吸引人。观看芭蕾舞剧《罗密欧与朱丽叶》时，整个剧场金碧辉煌、气氛庄严，演员谢幕时的举止、风度令人肃然起敬。这种传统的文化修养、欣赏水平和对艺术家由衷的敬仰与尊重，的确是日积月累、根深蒂固的，非一时之功所能企及。

莫斯科的红场并没有想象中壮观

在学院，据他们的老师介绍，只要是专家来校，所有的学生都会坐等，其他老师在他们来到之前不得开始上课。

在地铁上你可以看到许多人在看书、看报，即便要下车了，站在门口处仍有人在阅读。

电话亭在街边、地铁的过道里、百货商场里随处可见，不会有什么人去破坏，人们已经非常习惯用公用电话便捷地互相传递信息。

在这期间，我去了列宁格勒（现改回原名圣彼得堡），在那里参观了冬宫、画廊，当我站在那些精彩的油画面前时，有一种被强烈震撼的感觉，脑海里闪现出一句话："这是那些久远年代的作品吗？竟然能够用画笔如此逼真栩栩如生地展示真实的生活？难道人类是倒退了吗？"我是真的感觉现代人已经做不到这样的水准了。这到底是为什么？没有答案。

我还去了基辅，非常洁净的城市。

这期间有我同班老同学的儿子韩晓东陪伴我，还有老同学摄影师肖里昂，他是著名作家肖三（《国际歌》歌词的主要译者）的儿子，他有一位哥哥还留在莫斯科，我曾去他家做客，还为他们做了中国饭。北京电影学院文学系的王迪几次往返莫斯科和第比利斯，我们时常可以见面，遗憾的是他和青年电影制片厂厂长小闫从北京路过莫斯科，在机场存放行李的小轿车竟然被撬，他们自己的东西和马精武带给我的靴子等物品全部被偷走，我盼望已久的东西一样也没见到，能不遗憾懊丧吗！这就是当时有些混乱的莫斯科。

在莫斯科除了热心的刘燕萍外，我还结识了不少中国去留学的朋友，有苏红、刘薇、航传儒、汪宝剑等，还有一些莫斯科的姑娘。

幸亏有这些朋友们不时地相聚，让我在那里度过了四个半月的时光，我很感激朋友之间的互相关照，尤其是刘燕萍在忙着写毕业论文的同时还热心地帮助我，使我顺利地完成这次教学考察工作，谢谢热心的刘燕萍，谢谢王迪对我一贯的关心，无论在何处有朋友的陪伴总是幸福的。

1989年1月30日我启程回国，火车上五天的行程，烦闷而无聊，只能不时地望着窗外的景色。

俄罗斯的土地辽阔、广袤，几乎少有村庄和城市，大片大片的原始森林从车窗外掠过，富饶、静谧而优美。

一进入蒙古边界，一望无际空旷的草原，既无城市也没有村庄，常见的是寥寥无几的帐篷散落在光秃秃的冬日的土地上。

与王迪、刘燕萍和苏联的朋友们

走进中国边界，只见房子挨着房子，村庄接着村庄，只感觉密密麻麻全是人，有的人就站在铁道旁边，呆呆地望着列车从他眼前急速驶过……

回到学院后，我立即投入到学院的教学工作中。除了作赴苏联的教学考察报告外，开始忙于教研室的具体事务：主持和参与制定《电影导演及理论》的硕士研究生的招生计划、教学方案及考试题目的确定；担任电影学院教材编审委员会委员及学员学术委员会委员；接受表87班的教学工作。

至此，我孤寂的出国考察之行告一段落，生活又回到了紧张而忙碌的工作中。

九、对成功和成名的思考

年轻时大多气盛、心高，对自己抱有极大的希望，或称之为幻想、梦想，期盼自己能成功、成名。然而，事实上当人们走过三十岁以后，走过不惑之年时，才明白不是人人都能成功，更不是人人都能成名。

对于成功、成名究竟应该如何看待，在概念上可能会有所不同。

演艺圈、音乐、舞蹈、美术等艺术门类是一种特殊的行业，无论谁走入这个圈子都不甘心默默无闻，而期盼成为名人：著名演员、歌唱家、钢琴家、独一无二的舞蹈家、大师级的画家等。这是毫无疑问的，但现实是这炫目的光环不可能赐予每一个人。那么我们该怎么办，该如何对待呢?

离休后，我基本上没有在学院内上过课，大多时间被邀请参与外面的表演教学，有训练班，三个月的、一年的，也有大专三年制的，有的是为了参加艺考做准备而来培训的，也有超过了报考年龄又喜欢表演而暂时放弃工作或仍在兼职过程中抽出时间学习的。这使我有机会接触了更多的社会上的青年，年轻人居多，也有个别四五十岁的。因为这种班无须经过考试选拔，其中有素质或形象还可以的，但也有盲目者。在教学过程中我感到大多学生都十分努力，反而上了所谓大专有更长的时间来系统学习的学生，倒不那么用功了。其实这种教学是较为吃力的，但我却一直坚持下来，几乎没有中断，为什么呢？有几方面的原因：

1. 受人邀请，一般不好拒绝。

2. 过去在学校更多的是注重教学，而没有认真进行书面总结，在这些年的教学中我有意识地记录了上课过程中的思考和语录，目的是希望能更认真地梳理一下教学体会和经验。

3. 谁能断言这一批批的学生中就没有能成才的呢?

与表 81 业余班：那时正年轻

说到此，我不由得想起电影学院于1981年曾经办过的唯一一个业余班。那时正是大学恢复期，招收学生名额很有限，大批热爱表演事业的年轻人被滞留在校门外，于是学院决定开办了这么一个班，只是利用课余时间，即每周三次晚课，周末白天再授课一次。招生是经过严格的考试的，共录取三十九名学生，分为甲、乙两个班。

当时学院决定由我和林洪桐各主带一个班。我带甲班，教员还有李克己、戈文义。

班里的不少学生还在上着班，但基本上都坚持上课，共学习四个月，即整整一个学期，从教学小品、片段、录像到影片拍摄实习，每一个环节都进行了安排，学习十分紧张，学生也都非常努力。那个时期想做演员，没有金钱的诱惑，谁都不是为了金钱而来学习表演的，只是为了心底里的那份热爱。

使我们没有想到的是，这两个班竟然有很多学生始终坚持自己的追求，并经过多年的努力和奋斗而成功、成名。他们中有著名的导演赵宝刚，制作人、导演、演员张光北，李成儒、李强、李勤勤、郑天玮，铁路话剧团的演员张玉萍以及已经离开我们的武打明星王群（《神跤甄三》中饰演金二，获第七届飞天奖、第五届金鹰奖最佳男配角奖、《少林豪侠传》中饰演黄飞鸿）等。还有乙班的朱琳、鲍大志等都在演戏。

这些学生的成功不是偶然的，是他们多年来的努力、坚持造就的。他们的路走得并不轻松。1982年表演系决定招收新生，这个班凡是符合82班的报考年龄的有不少学生都报名参加了考试，然而最后一个也没有被录取，可想当时对这些年轻人的打击有多么大。

李强进入三试，本有希望被录取，却因为报考照片拍得过于洋气，被认为像个业余华侨而去掉。

李勤勤已被录取却突生变故，不仅最终未能录取并遭遇了电影换角的事。我得知李勤勤回北京后，立即前往她家去看望她，不希望她因此而一蹶不振，在我焦急地赶到她家，感觉她的状态尚好时，我的心情才稍微平复了一些。李勤勤（代表作《卡拉是条狗》、《岳母的幸福生活》）在踏入表演道路之初就经历了这样的挫折，但仍然能够一如既往地热爱这一行，能够重新开始，依然坚持做演员，而且出演了不少好戏，得到观众和业界的认可，我很为她的成功感到高兴。

李强（电视剧《京都纪事》饰演林非、《水浒传》饰演西门庆、《建国大业》饰演陈诚）在未被录取后，毅然决定离开父母，离开熟悉的北京去广州发展，成为珠影的演员，演了许多有影响的作品后才返回北京。

张光北幸运地考上中央戏剧学院表82班，后主演过多部热播剧，如《三国演义》中的吕布、《亮剑》中的楚云飞，近年又承担多部影视作品制片人的工作。

郑天玮、崔麟、鲍大志考上人艺学员班，现在分别从事编剧、制片及演员的工作。

赵宝刚作为工人调至北京电视台，从剧务、场记做起。为了从事他所热爱的行业，他坚持下来并不断地努力。如果他不具备从事艺术创作的才智，如果不是由于热爱而坚持不懈地学习，怎么可能获得今日的成功？怎么可能成为被人命名为“造星专家”的导演呢？

李成儒从商多年，但酷爱表演，醉心于艺术，一直痴心未改，所以才会兜兜转转之后重又做回演员，并成功地塑造了众多生动的人物形象。如《过把瘾》中的钱康、《重案六组》中的大曾等。

朱琳一直在演戏，直至今日，随着年龄递增，饰演着不同年龄段的女性角色，一直受到观众的喜爱。代表作有《西游记》中的女儿国国王，《远离战争的年代》中的文雁，和最近播出的《青果巷》中的杨紫云。

这是一种什么精神？是什么使得他们能走到今天？比起本科生他们在系统学习上不占优势，毕业以后，他们不属于当时的正规文艺团体，然而却能够获得成功，为什么？当我重新翻开当年给他们上课的笔记时，发现这些坚持下来最后从事表演行业的学生，大多在学习期间的表演上都获得过高分。不可否认的是成功者必备一定的良好专业素质。比如导85班的学生王小帅、娄烨、王瑞、路学长、胡雪杨等在表演课上也基本都获得过高分。

我这样说并非单纯的崇尚高分，但高分代表着他们在课堂上用功，代表着他们在表演素质上有一定的优势，教师通过表演的教学可以考察判断学生所具有的才气，表演与导演创作都属于形象思维，需要具有丰富的想象力，艺术的感觉是相通的。因而，业余班也好，导演班也好，做演员也好，从事导演、编剧创作也好，若要成功，需具备一定的艺术天赋是不可否认的事实，应该说是成功所必备的条件之一。

与表 81 业余班：如今已经放光彩

这个班整体给我留下很好的印象，我相信他们中间还会有人在表演和影视这个行业里做出更出色的成就。

任何一门学科、学问，虚心好学是成功的第一步。表演如此，导演也是如此，不能设想一个没有兴趣，不积极排练，在课堂上懒洋洋的人会获取成功，李成儒、李强等都是非常珍惜学习机会并且非常认真的人，几乎每次下了课，都是问题不断地提。赵宝刚、崔麟都表现出极大的热情，记得有一次我和他们聊起表演，竟然不知不觉聊到天亮。

对于艺术类的专业，除了才气，必须酷爱。只有酷爱才会在学习的过程中表现出极大的热情，只有酷爱才能不畏艰辛地付出，才有可能获得成功。

2005年，我在一个大专班上课，其中一位女生也给我留下深刻的印象，她就是甄锡。刚开始上表演课时，她很容易把做主持人的习惯带到表演中来，因为这之前她做了较长时间的主持人，以她的形象、气质，以她的聪明和良好的素质，她完全可以早些走进摄制组，但她坚持在这个班里学习了整整三年，毕业之后她仍然没有立刻去拍戏，而是边做助教边和学生以及年轻教师一起排戏，她和张艺玲排演过《空镜子》的片段，饰演姐姐，和丁政合作演了《许三观卖血记》，饰演里面那个可怜的农妇。又和徐浩排演了最难驾驭的片段《第六纵队》，饰演了内心复杂、又充满着对儿子的爱和担忧的母亲。以她的年龄和经历会很难表现得恰如其分，而她却做到了，直到这时她才走出校门，她拍的第一部电视剧即在《杀狼花》里饰演女主角陈春雪，后又在《新亮剑》中饰演战地玫瑰刘诗吟。看得出她把表演当做自己全身心热爱的事业来对待，这种对自己负责，对观众负责的态度非常值得赞赏，尤其在当下这样一个浮躁的年代，一个年轻的演员能这样踏实，坚持四年的学习，实属不易。作为老师，我欣慰学生能具有这样的精神。

说到这里，我又联想起一个毕业于师资班的学生，她就是黄晓明、赵薇、陈坤和郭晓冬的老师，电影学院的崔新琴教授。

1978年表演系招收了建校后唯一的师资班，当时已经拍过电影的崔新琴走进了电影学院。那年她28岁，在班级里算是年纪小的。她的素质非常好，因此他们班排练毕业大戏《哦！大森林……》的时候，马精武让她饰演女主角刘紫瑛，她的表演非常到位，角色完成得很完美。之后她又拍摄了电影《百合花》、《我，你，他……》等。招收表85班时，她任这个班的班主任，工作内容多半是负责班级里的行政工作，同时一直和我一起上表演课。因为她和入学的这批同学基本上是同岁，有的甚至年龄比她还大，所以她从没有以班主任的身份指责或者批评过学生，我上表演课的时候，她从未因故不来，永远是坐在我身旁看课、听课，却极少发言。

后来，招表89班时，我作为主任教员，同时和崔新琴、李克己共同负责这个班的表演课教学。上大课时她依然全神贯注地听课、记笔记，从不松懈自己的学习。在这个班她开始给学生分组上课，并完成表89班独幕话剧《大树育人》的排练。正是这样多年来踏踏实实的对教学负责的态度，使得崔新琴积累了丰富经验，厚重了自己。因此，当她1996年独自带班时表现出了在教学上的才华和实干精神，使这个班出现了一批有影响力的演员。我从她的求学、教学的态度和过程中领悟出一个道理：耐得住寂寞，守得住初衷，认定目标，不断积累，才能厚积薄发。任何一个人如果没有当初默默辛勤的付出，怎能获得今日丰厚的成果呢？

我还想提到的一位至今仍然做教员的我的学生，她是2002年在赵宝刚工作室学习过的女生温雪竹。她和我学习了一年时间，当时课程安排得很满，一年的表演教学课几乎相当于近两年的本科课，温雪竹在这期间从未迟到、早退，没有请过半天假，她的认真，她的才干，她的不惜力引起了我的注意。2004年当我到另一个学院上课时，我请她来当我的助教。后来还有一位叫于洋的女同学，也是踏踏实实极其认真的女孩。她俩一直跟随我上课，期间我去摄制组拍戏，她俩也去，声称是我的助理，我去影视公司给艺人们上课，她们没有报酬，不管路途多远也都跟随左右，目的很明确，就是要观察我怎么上课，怎么启发和指导学生，就是要多学习多见识，她们的付出不是为了获取金钱，而是要增长知识和才干。在周边环境都是在找关系跑剧组推荐自己的情形下，她们能够如此认真地学习和投入到表演教学中去，实在是很难得。

十年过去了，温雪竹和小于洋都已能够独立进行表演教学。小于洋除了演戏外还在中影集团坚持教课，温雪竹今年给学习了一年的学生排演了老舍的多幕话剧《龙须沟》，学生表演认真，基本完成了人物的创作，看得出作为老师她付出了很大的辛苦和努力。这两位学生掌握了正确的表演理念和教学的方法，这使我很欣慰和骄傲。

为什么我要特别提到这两位学生？因为这许多年来，在我面前掠过太多的年轻人，他们在追梦的过程中逐渐变成中年人，甚至是到了五六十岁的人。比如赵宝刚在今年的生日派对上，颇为感慨地在我面前说了两遍：“我都60啦！我都60啦！”是啊！时光荏苒，当年相识的时候他才26岁，而今已经59岁，能不感慨万千吗？他做到今日的过程有目共睹，可谓成功，但试问一下，一大批一大批的年轻人，有几个能做到像他今日所取得的成就呢？毕竟还是少数吧。

演员作为一种职业，确实有它的特殊性，除了天赋、努力、酷爱、坚持，不可否认地还有机遇或称之为运气的成分。演员随着年龄的增长、形象的变化，或者经过一段时间的实践、摸索而改行做其他工作的也有许多，比如编剧、导演、制片或表演教

离休后的忙碌教学　右一：赵宝刚

员，这些行业肯定都没有演员那么高的知名度，即使是做导演，也没有演员有名气，这是事实。那么，不成名者都应该被认定为不成功吗？我在想，无论做什么工作，只要是努力了、尽心了、做得好，算不算成功呢？

我提到的温雪竹、小于洋这两位女孩，当年学习的时候不过是20岁，如今也30岁有余，她们目前做的只是一名普通的表演教师，未来肯定不会像做演员那么出名，但她们做着自己喜欢的工作，热情、认真、投入，当我看到她们在勤苦的教学之中感受学生在成长时流露出的那种喜悦和成就感，这难道不算是一种成功吗？

据我知道北京“羊大爷涮肉馆”是很著名的餐馆，餐馆老板就是曾在表81业余班学习过的蔡世虹，他没演戏，而是选择做了自己喜欢的事业，做得很好。还有一位培训班的学生汪正岩，在自己几年的努力下，在北京开办了自己的泰拳馆，每天高兴地做，认真地做，这难道不也是一种成功吗？

考进电影学院，尤其是进了表演系，似乎必须成名，外界、父母，甚至是教师包括自己都在不断地给自己施加压力，不能成名就不算成功，这是一般人的概念。演员，尤其是影视演员，一部戏有了影响，顿时一夜成名，“成功”这个词似乎也相继跟着来了，其实有可能只是一个色彩绚丽的肥皂泡而已，转瞬即逝。

演员成名是短暂的，以往的明星如今又怎样？现在的年青一代不知道赵丹、白杨是谁，更不知道吕亚林、赵联是谁。对于演员来说，光环不会老顶在自己的脑袋上。只有扎实地做好自己，获取属于自己的快乐，那才是真正的人生价值。

都说三百六十行行行出状元，在本行业有知名度，但不会被大多数人所熟知的人多得是，难道他们的业绩就不算是成功吗？

人的智慧、人的才干、人的机遇肯定是不同的，人不要太自私，只想着自己的利益而忽视他人，忽视对亲人、朋友的爱，再多的名利，也未必是幸福的。

在演艺圈待久了，似乎必须去争名夺利。直至今日，确实要明白的一点是大可不必去顾及别人的看法，更不用去考虑别人怎么判断自己，只要对自己的工作态度满意，对自己做出的成绩满意，只要做到尽心尽力，那就是成功。

成名不一定就是成功，不出名不意味着没有成功，成功和成名之间不能画等号，这个概念有必要重新认定。这就是我对成功和成名的思考。

第三章

创作篇

从表演系毕业至今，走过了这么多年，

不能不承认我作为演员的运气不佳。

到了如今这个年龄更是抱着顺其自然的态度，

离休以后仍以教学、编剧和撰写文章为主。

但我对自己所做的每一项工作都是认真的，

我很庆幸自己是这样的一个人。

一、1964年至1980年参演的影片

“文革”前北京电影学院表演系招有表56、57、59、60、61、62（甲、乙）班，总计七个班，每班女生较少，除表57班的李长乐饰演了谢添导演的《锦上添花》、表59班的刘尚娴饰演了影片《英雄儿女》的王芳有较大影响，大部分女生上戏的机会很少，有的虽也拍了一些戏，但毕竟戏不多，1966年之后，基本被埋没在各个制片厂的演员剧团里。我于1962年调回北京电影学院后，演戏的机会更受限制，但当时因为所有毕业生的上戏率都很低，所以也没有再为不能拍片而苦恼。

1964年8月的一天，领导通知我到张水华导演的《红岩》（后更名为《烈火中永生》）剧组去演戏，饰演和江姐一同关押在牢房里的女囚，依照常规，这种角色是不外请的，本厂演员即可担任，张水华导演之所以选中我，是因为在北影演员剧团时，我曾和他一同下乡参加劳动三个月，水华导演是我们的组长，在西安排演独幕话剧《三月三》时，于洋还请他给我们指导排戏，对于我，水华导演有较深入的接触和了解，因此，邀请我去参加这个戏的拍摄。

在拍摄《烈火中永生》的过程中，我有幸接触到了饰演江姐的于兰，饰演许云峰的赵丹，饰演徐鹏飞的项堃，还有王心刚（他饰演的知识分子刘思扬，在影片审查时去掉了这位知识分子的角色，戏份被全部删除，故在发行片中看不到王心刚的身影），那时我算年轻演员，在拍摄时，感受到这些著名的演员没有架子，创作态度极为认真、一丝不苟。拍摄没有酬金，谈不上高额的收入，更没有给拎包、搬椅子的助理，一切自理，这些著名的演员和大家一样在食堂吃饭。和我一同饰演江姐狱友的演员还有在《吕梁英雄传》、《一贯害人道》中饰演女主角的非常著名的姚向黎和北影老演员黄素影，另一个是年纪最小饰演孙明霞的林盈，她当时还是音乐学院的学生(现在她已经定居加拿大)。至今虽然已经过去了五十年的时光，但林盈每次回京必定要约

电影《烈火中永生》剧照

电影《烈火中永生》剧照

上《烈火中永生》中的于兰老师、赵元副导演和我们相聚，可想这个剧组当年在一起工作的时光是多么的和谐与愉快。在一起相聚的时刻一定会谈起一起创作时欢快的场景，并不忘怀念早已经离开我们的赵丹和姚向黎，想起饰演小萝卜头的当年只有7岁、乖巧、可爱的方舒，和那些给我们带来无数欢乐的时光。

电影《红色背篓》剧照 1964 年

1965年夏天，我还参加了北影史大千导演的影片《红色背篓》的拍摄，这部戏的主演是毕业分配到北影的表57班的同学程汉焜。我在影片中饰演的是杨田妻，一个在战争中为救战友而牺牲了的农村妇女，戏虽不多，但表演上有难度，我很喜欢。

这部戏之后，我再次站在镜头前，已是继《烈火中永生》之后，相隔十二年之久，水华导演再次邀我参演影片《西沙儿女》。十二年的流失对于一个女演员来说，是很残酷的。

我和八一厂的一位在《西沙儿女》中演反派的演员一同出发，因为拍摄大队早已经先行出发了。我们从北京先坐了三十多个小时的火车到达广州，之后从广州乘飞机去海口，那是我第一次坐飞机，小飞机，颠簸得厉害，说实话，当时我很紧张，一个多小时才落地，之后从海口出发，又坐上十几个小时的吉普车到达三亚。再从三亚乘坐海军的军舰赴西沙，军舰不是很大，凑巧遇上风浪，摇摆得非常厉害。我这个从不晕船的人都只能躺在小床上不敢动。几经辗转，十七个小时之后终于到达拍摄地——西沙的永兴岛。

一辆卡车接上我们，来到当时岛上唯一的一座三层楼，全组人员都住在那里。因为下了船后直接乘坐卡车到达驻地，我以为这个岛屿规模不小，但第二天当我爬到楼顶一看，楼房四周不远就全是海水，这么小的岛？据说这个岛曾经被海水全部淹没过，听这话够吓人的吧？！在我们拍摄期间，因为没有正规的码头，只要有台风警报，所有的军舰、渔船全部离岛。岛上没有淡水，靠天上下雨的时候储存的雨水或者由军舰送来一些淡水维持生活之用。我们剧组吃的大多是罐头食品，基本没有蔬菜，拍摄空余时间可以到海里去拣红螺，这红螺很奇特，只要发现就是一大堆，捡回来以后在院子里用大锅煮着吃，味道非常鲜美。

那里只驻扎了少量的解放军。除了他们，就只有我们摄制组的成员了。

这个戏的男、女主角是当时正当红的张连文和李秀明，在那里，我第一次看见朱时茂（饰演符海龙）。我饰演女主人公阿宝（李秀明饰）的婶婶，是位岛上的渔民。为此，还拍了在海上划船捕鱼的镜头。

电影《西沙儿女》剧照　左：李秀明

从1965年拍完《烈火中永生》之后，我再次站在镜头前，已经过去了这么多年，开始，我以为自己可能会紧张，但是由于是在实景拍摄，心里竟没有任何顾虑，也没有拘束感，很快就适应和投入了拍摄。这一次时隔多年的实践让我知道，即使多年不演戏，也不会紧张，我想，这或许就是因为我们已经基本上掌握了在镜头前的表演技能。

《西沙儿女》的导演张水华是一位极其认真敬业的导演，他总是对剧本不满意，时常停下来让演员和他一起座谈，讨论如何把剧本修改得更好一些，事后我甚至埋怨自己为什么没有能力一起把剧本改得更好一些呢？心里甚至觉得有些对不起焦躁不安的水华导演。

我们在那里看到完成的样片，真是太美了！西沙是个美丽的地方。透蓝的天和朵朵时常变幻的白云，每到黄昏时分，天上的云彩竟然会有那么多的颜色，深浅不同的黄色、橘色……还常常点缀着之前从未看到过的纯黑色条状的云，绝对不能用赤橙黄绿青蓝紫这几种色彩来形容。这部电影的摄影师是著名的朱今明老先生（《一江春水向东流》、《万家灯火》、《希望在人间》、《三毛流浪记》、《南征北战》、《烈火中永生》、《孔雀公主》等耳熟能详的电影作品，都是由他完成拍摄的），他拍的画面简直是太美了，在他的镜头里西沙真是当之无愧的祖国宝岛。

在西沙拍摄三个月，回到三亚后又拍摄了一个月，整整四个多月剧组历尽辛苦，应该说是一部精心制作的影片，但在“四人帮”倒台之后被通知停拍。据说这部戏是江青让浩然（《金光大道》的作者）特地创作的剧本。就这样摄制组全体人员的辛苦算是白费了。我想最为难过的应该是水华导演，又一次无奈！然而水华导演对艺术精益求精的精神给我留下太深刻的印象，同时，他的为人，他的人品，他作为艺术家给了我们那么多宝贵的精神财富。我非常非常敬重他，感谢他，他给我们留下了太多的作品，希望他在天之灵能够知道我们在怀念他。还有那些美丽的画面，那紧张而快乐

电影《西沙儿女》剧照　右：张连文

的拍摄场景，这一切永远印刻在我脑海里，成了一次最难忘的永久的记忆。现在听说西沙开放旅游了，四十年前那般自然天成毫无修葺的景色还在么？人们还能那么纯粹、毫无禁忌地接近海天一色、浑然天成的永兴岛么？想到这里，也就不遗憾了。毕竟这是一生中都难得的，不可忘记的旅程。

另外要说的，就是在西沙，我第一次见到唐国强，他在拍摄八一厂的影片《南岛风云》，那一年，他才二十几岁，非常年轻、英俊。他在拍摄的时候也没少受罪，因为风浪极大，只要一上船就晕船，不断地呕吐，那也得继续坚持拍。所以，演员的生活真的是既有欢、有喜、有悲，也会遭受不少身、心的折磨。

我从四月份赴西沙，拍摄三个月，又转至三亚拍摄一个月，于八月份返京，在这期间还发生了一件大事，就是唐山大地震。当时，马精武和6岁的儿子马川正在《金光大道》剧组拍戏，他们住在天津附近的蓟县，西沙凑巧有一大拨是天津兵，听说大地震了，急得都往唯一的一个小邮局跑，发电报，打电话，那时候谁都不可能马上得到亲人平安的消息。我也急忙打电话，发电报，可一连几天根本没有任何消息。尤其在西沙，就是想立刻飞回来都是不可能的。

那时在外拍戏怎能和现在相比，无论相距多么遥远，手机、网络立刻就能互相联系，现在的年轻人都已经习惯，绝不会想象那个年代通讯是多么的困难。

过了大约一周时间，幸好在影片《金光大道》中饰演高大泉的张国民通过军用电话告知我他们都平安无事，我这才一颗心落了地。

1978年春，我参加了成荫导演的影片《拔哥的故事》的拍摄。这个戏是根据历史上的真人真事改编的，男主人公拔哥是广西壮族的一位革命英雄，由南京话剧团的演员马昌钰扮演，女主角是苏丹丹。我在里面饰演榜巍的妻子，也是少数民族，她送丈夫参军，丈夫牺牲在战场上后，她也报名投身革命。记得这个人物有一场戏是上坟的哭戏，初登银幕的苏丹丹看我演这场戏时说："要我演，我还真的不敢演，也哭不出来。"

其实我的戏不多，但影片是上、下集，从1978年4月至7月，1979年4月至9月，仅外景戏就前后两次赴广西崇左、大新、柳州的东兰县等地拍摄，耗了我不少时间。那时拍电影确实很慢，有时一天拍一两个镜头，也属正常情况。所以第二次出外景时，我觉得不能在组里白白的耗费时间，于是开始构思我的话剧剧本《这不是戏》，想为我们教师提供一个艺术实践的机会。

1980年初，这个话剧演出了，《沙鸥》的编剧李陀和导演张暖忻看过我们这个戏后，认为我很适合饰演该部影片里的女排球教练，于是选定了我。这样我开始为这个角色做准备，去师大体育馆练习打排球，和当时的女排运动员交流、座谈，但迟迟没有拍到我的戏，剧组准备出发去广州拍外景的那天上午，恰巧长影厂的一位副导演找

电影《拔哥的故事》剧照

到我，让我去长影见见影片《冤家路宽》的导演，我和张暖忻导演商量，她说你可以晚些到广州。于是，我到长影见了导演，还试了戏。

他们让我和《沙鸥》导演商量能否让我出演他们的《冤家路宽》，该片的制片主任和我同机飞到北京，我速赶往广州，到了那里，我建议由张暖忻导演饰演教练，她也考虑到我能演一个女主角机会很难得，于是便同意放我去拍《冤家路宽》。其实我人到广州，心里就做好了导演不同意我走的准备，但没想到他们同意了，这样，我速返回北京。当我回到北京后才得知他们的制片主任到北京来就是为了去河南借调豫剧演员马琳，而我则作为备用。真不知道有此种情况，若早知道有这样的事情，我绝不会辞掉《沙鸥》这部戏。就这样我为了贪演一个女主角而失去了《沙鸥》的参演机会，这不能不说是一个遗憾。

张暖忻是导58班的毕业生，是很有才气的女导演，非常可惜的是她因病54岁时就离开了我们。自此也就没有了再合作的机会。

在这期间我断断续续地演了一些戏，使我对电影表演有了更进一步的体验和直观的感受。我常常会尽力把现场创作时的思考记录下来，不仅仅因为我喜欢演戏，更多的是希望自己在实践中积累经验。戏虽不多，但我每次都会认真地对待，包括对剧本、对导演的处理、分镜头剧本等都予以关注，我希望自己在编、导、演各个方面都有所了解，这使我作为演员和教员的双重身份变得更加充实。尽管那时拍摄确实耗费了不少时间和精力，但也为我的教学工作提供了宝贵的经验和知识。

二、我喜欢舞台演出

我所在的是电影学院，从事的是教学事业，然而我对舞台始终有很深的情愫。或许是中戏那两年对我的熏陶、或许是作为演员的一种本能，我相信许多演员都和我一样，尽管已演了不少电影、电视，但舞台演出还在吸引着我们，那是一种别样的享受。

对我们表演教师来说，舞台演出的机会少得可怜。几次都是我们力争，我们坚持，但因为不是剧团，有教学任务，所以几乎每次的演出都会忽然中止，只能说是出于无奈吧。

小话剧《母子会》剧照　1965 年

我真正的排练和演出话剧应该是从在电影学院上学开始，这之前更多的是观摩和学习，而对于演员来说，舞台演出是需要经过训练和实践的。

上学及毕业后为了配合宣传，下乡、下部队的小演出一直未间断过。1963年我与表62班的学生未建民排演了独幕话剧《岗旗》，我演他的妻子喜嫂。1964年在山西四清时，演出歌舞话剧等，和刘诗兵表演控诉旧社会的对口剧《一块银元》，和林洪桐演小话剧《母子会》。这两个小戏分别在不同的年代、不同的地方演出过三轮。《母子会》当时是很火的小喜剧，马精武、李宁、林洪桐排演了《喜相逢》，演出时观众也会从头笑到尾，现在看来，内容上也许早已不合时宜了。

1972年在部队锻炼期间，我们演出独幕剧《柜台》，记得史宽老师还参加了演出。我在副院长赵明的指导下还编写了独幕剧《广阔的天地》，这个戏是写赤脚医生为百姓服务，给一位农村老太太治好了眼睛。我演医生。之后我们全力以赴地排演了多幕话剧《新的篇章》，是由文学系王迪老师创作，导演系教师谢飞导演，表现知识

独幕剧《柜台》演出照　左一：史宽　1972 年

话剧《新的篇章》女演员合影

分子接受工农兵再教育的故事，马精武饰演革命军人，李慧颖老师演农村老大娘，我和钱学格演接受改造的知识分子。最后一场戏是表现知识分子被改造好了的感动。钱学格表演极为认真，常常是激动得泪流满面。张暖忻、王淑琰等表、导演系的老师共同参加创作，当时也是极受欢迎。

1977年3月我们又演出了独幕剧《好榜样》，黎莉莉老师、欧阳儒秋老师都热情地参加，共演出三十余场。之后是多幕剧《最后一幕》的筹备和演出。

1980年表78班毕业剧目之一是曹禺的《雷雨》，仍由当年给我们表56班导演过该戏的张昕老师负责。排演过程中饰演繁漪的刘佳因拍片临时不能演了，张昕老师想到我，因在表56班演出时我就是演的这个人物，故她邀我补台，和表78的学生同台演出。我欣然同意，但同时也有顾虑，那年我已经45岁，而饰演老爷的周里京那年才26岁，这能成吗？王向红演大少爷、张铁林演二少爷，还有年纪轻轻的袁牧女演鲁妈。他们能相信吗？虽然曾经演过，但在排演时，我依然十分认真，我希望和学生同台演出能做到和谐一致。对我个人来说，时隔二十二年，再演这个人物，只能要求自己演

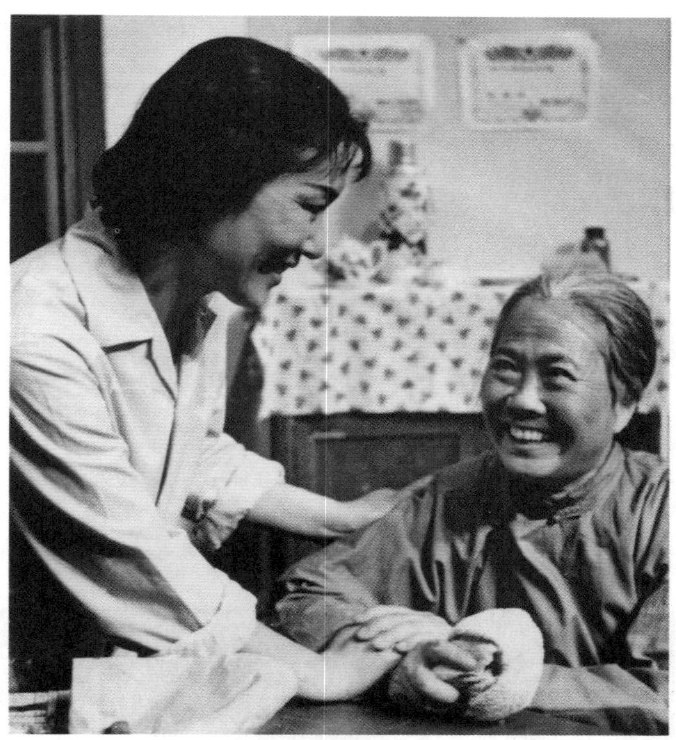

独幕剧《好榜样》剧照　1977 年

话剧《雷雨》剧照　张铁林饰演周冲

得比以前更好。因此在每次排练，每场演出时我都试着有所变化，比如繁漪边走上楼梯边对老爷说：“你忘记自己是一个什么样的人啦！”有时会说得不够准确，有时说得非常解气。现任表演学院院长的陈浥至今还记得并笑谈说有一次演出我说完走下台时，心里很解气，并说今天骂得真痛快，心里很得意。在排演中，我重新体验了一下这个被压抑却又渴望感情的女人的心，我喜欢这个人物。因而在1992年的时候，我又大胆地组织教师排练了这个戏，马精武饰演老爷、崔新琴的四凤、柳健的大少爷、张华的鲁贵。

其实当时排练的目的并不是为了演出，而是想录像留下资料，作为教学之用，可惜只排演了二、三、四幕便因故停了下来。有些事想要做，却并非都那么顺利，我再演繁漪的愿望没能实现，这也是我的一个遗憾和无奈。

教师版《雷雨》剧照

1984年表82班毕业剧目选的是苏联现代戏《聋人之家》（原名《权贵之家》，中央电视台录制播出时改名《外交官之家》）。

这个戏通过一个外交官苏达柯夫的家庭生活反映了当时苏联社会存在的诸多问题。苏达柯夫有一位能操持家务的好妻子娜达丽亚，有儿有女，女儿有好丈夫，儿子有女友，看似非常幸福完美的家庭实际上却出现了问题，如何面对遭遇的挫折和困难，如何努力去做一个正直的人，这需要人们去思考。

话剧《外交官之家》剧照

1984年9月初开始排练工作，我们采用的方法是逐渐接触人物，开始用了一个月的时间做了大量贴切剧中规定情境及人物关系、发生的类似事件的小品，并没有让学生一开始就背台词，这样在进入用剧本对台词时，学生不是死背台词，而是首先有了人物之间的感觉、对规定情境的体会，排演时再注重调整整台戏的节奏。所以我们这一台的表演非常生活、自然、生动，最后演出获得极好的效果。

这个戏臧金生和赵君饰演男主人公外交官苏达柯夫的A、B组，从形象上看臧金生更有分量，因此演出时以他为主。娜仁花饰演女儿伊斯克拉，她的丈夫则由非常帅气的张晓林饰演。伊斯克拉的丈夫这个人物是外表处处做得很周到，而实际上却是一个为了达到个人目的不顾一切的人，他伤了岳父的心，更狠狠地伤了妻子的心。他的情人则由张晓敏饰演，活泼、年轻、胆大。儿子是李兆宇饰演，他的女友是严晓频饰演。从人物形象、气质来说，整台戏的搭配十分恰当，班里的另几位同学正在外拍戏，因而演出时母亲娜达丽亚一角空缺，我只好临时补上。我来饰演学生的母亲，同学们很容易接受，

话剧《外交官之家》剧照　左起：娜仁花　李苒苒　臧金生　张晓林　李兆宇

而当年才二十几岁的臧金生却演我的丈夫，我们还真的能做到像是一对老夫妻。这可不那么容易，但是经过排练，我们做到了和谐、令人信服。

在演出过程中不断摸索，不断提高，我喜欢和同学们同台演出，我相信有一种互动，会使我们对舞台表演有更深切的体会。在演出过程中我们还组织了一定的交流活动，与观众座谈，有的观众对臧金生塑造的人物给予特别的肯定，这说明他很好地完成了这个人物的塑造。

我们曾在西单剧场、人民剧场、圆恩寺剧场、国防俱乐部等地演出，从1984年12月初一直演到1月23号，共演出二十余场。

1985年1月的《中国日报》英文版，一位名为华世平的记者发表了一篇对该剧演出

话剧《外交官之家》演出后合影

的评论文章及剧照，对这次的演出给予充分的肯定，可惜这份报纸没有留下来。

1984年年底，中央电视台来人看演出，并立即决定录制、播放此剧。为了效果更好一些，决定不在舞台录像，而是特地在中央电视台演播厅搭了一堂俄罗斯风格的大客厅，整部戏在这里演出并录制，效果更真切。这个戏至1985年3月才全部结束，演出告一段落。

我们是电影学院，以往毕业生大多都分配到电影制片厂去工作，之后也大多投入到影视创作中去，但我始终认为舞台表演对演员的训练，对演员的成长起着重要的作用。好的剧目、好的演出对演员来说是一种体验，一种提高，对观众同样也是美的享受，至今我还记得表59班排演的宋之的多幕话剧《雾重庆》的演出，还有导59班由郭

师生同台的喜剧专场　1992 年

宝昌主演的话剧《骆驼祥子》，都很精彩。

1992年在我老同学刘纪元的女儿刘瑛瑛的公司的赞助下，我们组织了一场《马精武喜剧表演专场演出》，起因是大家一致认为马精武是具有幽默感的演员，但一直没能有机会得到展示。

这次的活动得到表演系的支持，另有著名的相声演员侯耀文的积极参与，晚会主持人是崔新琴、柳健，参与演出的有表演系的刘斯民和刘汁子老师。表87、表89的许多同学都踊跃参加。

除了马精武的歌舞表演外，还有喜剧小品，有由俞飞鸿、马川和马精武同台演出的古典剧目《金玉奴》片段，有我和孔琳参与的俄罗斯果戈理的《钦差大臣》片段，从内容到形式丰富多彩，这是一次师生同台的艺术实践，舞台对于我们永远有着非凡的吸引力。

无论是表78的《雷雨》，还是表82班的《聋人之家》，我相信同学们通过话剧演出，能让自己在掌握表演技能方面取得不可替代的收获。所以我喜欢舞台演出。

三、为教师实践付出的辛苦与无奈

我始终认为表演教师应该经常参加艺术实践，然而那个时候，教师拍片的机会很少，难得有戏演，所以我一直期望创造机会使教师能不脱离舞台，于是萌生了给教师写一个话剧的想法。

1979年我因拍影片《拔哥的故事》下集，需再次赴广西拍摄，戏不多，也得在那里跟组，我不想浪费时光，于是在不拍戏的空闲时间，开始为表演系教师写一个话剧。

这个剧本于年底完成，名为《这不是戏》，之所以起了这个剧名，我的寓意是：剧本反映的是现实的生活，所发生的一切就是真实的，这不是戏。

马精武饰演男主角麦文辉，我演医生孟郁，参加演出的有刘诗兵、朱宗琪、江韵

话剧《这不是戏》剧照

辉、王承廉、曲维，还有我9岁的儿子马川。艺术指导唐远之，导演林洪桐。

从表演上我们仍延续了非常真实和生活化的表演风格，因为我们不是演出团体，总是会由于各种原因而停止演出，这个戏的演出时间又是很短，但受到很大的关注，当时许多外地的话剧团都想来看这个戏，而我们已经停演了。

北京电视台进行了舞台演出的录制，由孙宗璐导演负责，并在北京电视台播出，事后我们收到许多观众的来信，对这个戏表示了极大的兴趣。《剧本》月刊杂志的编委李钦还有方少华他们来到剧场看了演出，非常喜欢，编辑部于1980年第七期发表了这个剧本，同时也刊登了创作这个剧本的初衷和想法。

这是一次教师的舞台艺术实践，老师们都非常热情地完成了演出任务。之后我们一直期望能把它改编成电影。毕竟我们是从事电影工作的，很希望能把这一作品搬上银幕，这样所有的表演老师又能有一次电影表演的创作机会。但学院青年电影制片厂没有支持，反而辽宁科学电影制片厂表示了极大的热诚。于是，1981年我着手将话剧改编成电影本，但当我改好本后，厂领导审查，要求男主人公一定不能离婚。后来的事实证明在改的过程和拍摄过程中，因为这种改动违背了我创作的初衷，使得我一直处于十分纠结和不

电影《我，你，他……》全体演员合影

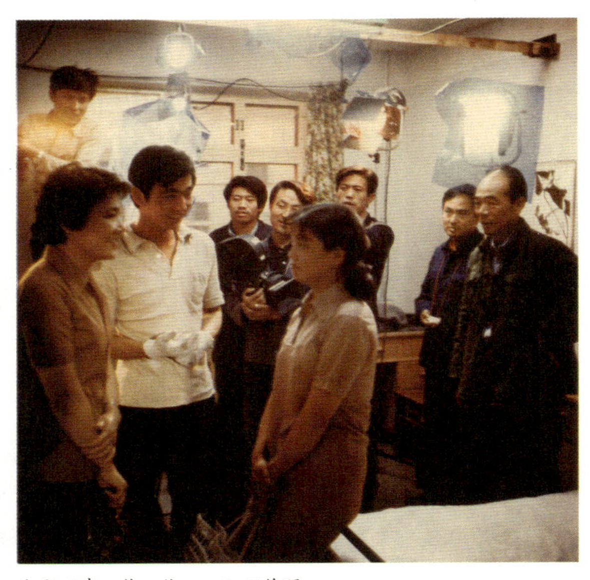
电影《我，你，他……》工作照

情愿的心态中，但为了能够拍摄，我必须按照要求改写。

1982年7月《这不是戏》后改名为《我，你，他……》开拍，导演是马精武、刘诗兵，由于上银幕年龄的限制，我们换了部分演员，陈浥，崔新琴，程晓英参加，还有欧阳儒秋老师，其余保留了原有的，这样所有的演员全部都是表演系的教员，除此之外，摄影韩健文，美工王砚缙、何群，包括灯光及其他各个部门的工作人员均是电影学院的老师，大家工作十分认真，经过近半年的拍摄及后期，于12月底基本完成。但我知道自己在整个拍摄过程中，心里一直是不舒畅的。

这次回顾此事，我翻开了当时的日记，我看到12月30号的日记里写了这样一段话，可见当时的思想状态："反复看了几遍样片才发现问题的真正所在，这之前只是感觉，意识到存在着什么问题，但不清醒。今日才恍悟：上上下下，左左右右的干扰，思想上的束缚，才导致今日影片的成果，心情极坏。只恨自己太不清醒，只恨自己艺术上仍很幼稚，这是一次沉痛的教训，使我一生不能忘记。人物、性格、心理，丢掉这些，泛泛地加进一些概念化的人物，语言是没有力量的，我真是恨自己太单纯，太实在，他比我更实在，更单纯（这应该指的是导演马精武）。没有恒心是不成的，为了事业，必须敢于迎上去，不怕人们的议论、大胆地做到底，前怕狼、后怕虎，毕竟是自己吃亏，这是教训。八二年即将结束了，我在苦思教训中度过，我在极不愉快的心情中度过，遗憾是大大的，谁知道呢？也许是好事，但愿未来会好些吧！"

影片没有达到我的预期，心里不免懊恼，但实际放映之后，还不是那么不好，我们曾接到过许多观众来信，也有的在肯定之余提出某些不足之处，但大多仍是很热情的、鼓励的，其中最值得一提的是上影演员剧团年轻演员给马精武、刘诗兵和我写来一封热情洋溢的信，因为她很热情，又是我们圈内的同行，我便给她回了信。至此之后，我们一直有多年的通信联系，后来她去了美国。据说在那里她已能用英文写小说，看来确实也是个才女。在当时，看到她的这封信使我很感动，对当时的我是一份真挚的鼓励，这是尤为弥足珍贵的。所以我一直保留着，连同后来她到了美国以后给我写的信。但我们始终没有见过面，直至今日。

现在我把她的第一封信摘抄在下面，回忆一下她看完影片的感受：

尊敬的《我，你，他……》编导：

不知为什么。此刻我是被一种奇异的力量驱使着要给您们——给了我一种难以忘怀的快乐的使者写信。虽然我知道观众来信对您们行家来说简直是不值一顾的小事，但我还是要写，不是为您们，而是为自己，为了自己这一个沉浸在激动中的心。

我深深地感激您们，我要说。今天下午，妹妹有意无意地对我说："去看看吧，《我，你，他……》还是不错的。"我有些奇怪，这个对国产片向来有特殊反感的人居然能说这句话,那说不定倒是值得跑一趟的呢。我赶到了上海音乐厅，得到了一张退票，便进去入座了。当片头字幕一开出现"辽宁科教片厂"几个字，使得观众发出一阵嘈杂之声，包括我，对这个片子不抱什么大希望的了。可是五六个镜头一过，我便被抓住了……继而，紧紧地抓住了……渐渐地，我忘记了自己……我屏住呼吸……含着泪（一刹那，我对自己竟然会如此忘情而吃惊）……听着孟郁和秦老师在医院的对话，孟郁说："我改。"那时心灵与心灵，感觉与感觉的交流，碰撞着，麦与孟之间的一根看不见的情感线，把我的心绞得隐隐作痛，这是人的真实的感情吗？我们国家的电影做到这一点了吗？我早就失望了，不，应该说是绝望了……这封信写得如此之乱，也许是我太激动了，语无伦次，尽管它可能不被拆开或者不曾看完就被扔进了废纸篓，就像我平时对待诸如此类的事情所采取的行为一样，但今天，我决定做一个愚蠢的人！

坦白地说从20岁以后，我看见影片（国产的）从来就没有激动过，因为我了解它的全部制作过程，我知道它是做的，我多么希望它能给我以真的感觉呀！我期待着，可是又没有，从来没有。包括那些我所喜爱的《沙鸥》、《如意》、《城南旧事》，我只觉得他们是勇敢的，在影片的总体构思上是有想法的，我钦佩他们，由衷地愿意成为他们的观众。《我，你，他……》给我的却是另外一种全新的感觉，我认为自己是爱挑剔的，尽管这种挑剔是可笑的，但您们知道，谁也不能勉强一颗心的选择！我是一个普通的青年观众，在这个大千世界芸芸众生中的一只小蚂蚁，但我是有生命的，有思维的，我愿意把自己的一种充满着热爱的纯洁的情感先给影片《我，你，他……》，先给你们，敬爱的创作者，感情是滚烫的，真挚的，尽管幼稚，但充满着信任，尽管微不足道，但却是由衷的，打心眼里出来的，你们愿意接受它吗？

写到这，我似乎稍稍冷静下来了，我讲不出具体的喜欢这部影片什么，我只是得到了一种强烈的感受，那就是创作者的意图，它埋得很深，是看不见，摸不着的，却可以强烈去感觉的东西，我实在不愿意用字去解释它，因为我解释不清楚，只是想把我的直觉去告诉您们，我这颗冰冷的心（看电影时常是残酷的、冷漠的，像婆婆看不顺眼的媳妇）这回是确确实实地被打动了，它颤抖着，扩大着它的波动，久久的不能平静……电影结束已经五个小时过去了，孟郁和麦文辉的形象却在我的脑海里越印越深，这是我活到了26岁以来几乎没有过的事，只记得在小时候爷爷讲安徒生童话中那可怜的卖火柴的小姑娘才给过我如此相同的深刻的印象。

您们始终抓住了写活生生的人，活生生的感情，笔触深刻又潇洒，细腻而简练，笔锋直指人物的灵魂深处。我知道，这是极不容易的事，因为一部电影的出品要过五关斩六将，有些勉强的标语口号，从获得一张“出生证”的理由来讲，观众是会理解的。写人、写人性，谁不知道有风险？但艺术的桂冠属于您们。

此片有独特的风格，它是朴素的，没有任何贴狗皮膏药的“自我表现”的做作，您们的天才隐藏在作品深处，深沉、含蓄，使它充满着吸引人的魅力，它摒弃了在通常情况下可以获得欢迎的庸俗技法，坚持了自己的清新、高雅，它的价值不在于影片本身，而在于它留给人们的久久回味。孟郁、麦文辉是美的，孟楠、宋新是美的，麦的妻子何尝不是美的呢？这艺术美、典型美的来源应该归功于谁呢？您们为影片所花的心血，尝到的甘苦谁又能知道呢？辽宁科教片厂，可想而知各方面条件之差，从片头字幕的制作粗劣，更可以看出，在这种情况下，能拍出如此高的艺术质量的片子，作为观众只能用“感激”二字表达对你们的敬意。够吗？答案是否定的。但您们应该骄傲，准确地说是自豪，为影片，你们是有资格的！

在表演上，你们是较目前中国来说更高一级的，你们的演员几乎各个称职，并胜任的（除几个群众演员之外），请允许我毫不隐晦地说，如果今年选最佳女演员，我想是李苒苒（天哪！我还是第一次写这个名字，我怀疑自己是否写错了，身边也没有电影画报可以查找）。她的表演具有一种内在的打动人心的力量，分寸感极其准确，并有她独到的处理。我想不具备艺术修养和表达力的人是做不到这一点的。我为我没有错过这部电影而感到幸运，为认识并欣赏了李苒苒的表演，精神上获得了极大的满足而喜悦！李苒苒是中国的索菲亚·罗兰。

在中国，作为一个艺术家而活着是难的，然而你们终于成功了《我，你，他……》它的生命将在欢欣中永存！当然，这并不是说电影就没有缺点，从总的架子上来说它有一种“宿命论”的东西，特别是反映在孟郁、麦文辉身上，孟郁将永远不会忘记对麦文辉的爱情，它只能是埋藏、克制，而不可能消失，麦文辉是中国人的悲剧，我同情他，因为他是真实的，我多么希望他和她……他们生活在我心里，我要为他们说话，可我知道，没什么用的，还是不说了吧！有时候，阿Q精神还是挺管用的呢！

结尾处，麦文辉进办公室后就坐到办公桌旁，掀开盖布，镜头就跳到窗外，各大建筑景色，其实稍微突兀了一点，镜头之间缺少内在联系的因素，因此有不舒服的感觉。如果延续一下麦文辉的动作，让他掀开盖布之后打开窗户（一般早晨上班的人们是会这样做的）然后再跳窗外镜头是否舒服些呢？从剪辑上讲恐怕是这样。请允许我的班门弄斧，不礼貌。我认为真正的艺术是神圣的，艺术家是虔诚的，也许您在平常也会像孟郁这样说些牢骚话，但您们的行动都像欧阳儒秋老太太在剧中的所作所为。我衷心希望您们能继续这样做下去，为了千千万万热爱着您们，期待着您们的作品，并把它当做精神食粮的观众！

正当我犹豫着是否要写上自己的名字，结束这封信的时候，妹妹上夜班归来，说起这部影片，她讲：“怎么样？没骗你吧？”我点头称是，她告诉我，此片舆论不好，许多人不能欣赏还指责它“不知所云”，据说马精武还在《大众电影》上说：“想追求，但没有达到目的。”这样的丧气话。这是真的吗？我为此而感到愤怒，我希望他说的不是由衷的。如果此片真没有什么观众的话，我倒实实在在地感到一种莫大的悲哀，中国的悲哀。几千年封建愚昧的烙印深深地刻在了民族的脊梁骨上。甚至进入了遗传因子。中国的落后难道和整个民族的落后没有关系吗？但我敢肯定，希望是在青年身上，他们会懂得你们的。米开朗基罗在雕刻裸体的时候多少人说他是邪恶的？你们要坚持下去，一定要坚持下去啊！记得不是列宁就是恩格斯说过这话，真正的革命者是在大家都指责他是反革命的时候才显示出他的气质和意志的（现在是此毅力体现的时候了）。

我知道自己是无知的，傻的，可爱的。第一次写这样的信，我是那样的不自信，难为情，但我相信自己的感觉没有错。

观众：安琪 敬上 11/5夜

这是一封多么热情的信，虽然已经三十几年过去了，再读的时候，依然可以感受到她的热忱，让我怎么会不珍藏至今呢？最重要的是因为她对影片的赞扬，使我增强了信心，在我最难过的时刻得到了安慰和鼓励。这种赞赏是不是有些过分？我当然不会因此而得意，我知道这是一位年轻人情感的激荡。我珍惜这种情感的交流。人生难

电影《我，你，他……》剧照

得有知己，在那一刻我深深地被感动了，至今我仍十分感激她对我的鼓励，愿她在国外生活得幸福美满，感谢安琪。

在这封信里她提到在《大众电影》刊物上的一篇文章，是当时他们编辑部收到某观众写给他们的关于对影片《我，你，他……》的看法，信转到我们手里，我看了后觉得过于苛刻，甚至有不够友善之感，但我想我们对于影片确实也有不满意的地方，于是我十分诚恳地回复了一封信，表示我们作为创作者自己也感存有不足之处，表示以后会继续努力。

事后没有想到《大众电影》把观众说的最难听的话全部摘出来，之后附上我们的回信（这就是安琪信中提到的妹妹所看到的有关文章）。

当我看到他们的刊载之后也感到有些意外，也很生气。于是我给时任中国电影家协会书记处书记、《电影艺术》杂志主编的于敏（著名电影家、作家、文艺理论家，先后创作了《桥》、《赵一曼》、《无穷的潜力》、《炉火正红》等多部电影剧本，电影金鸡奖创立人之一）写了一封信。这是我写的内容：

于敏同志：

知道您很忙，给您写信的会大有人在。几次提笔都没有写下去。今日忍不住了，还是给您写了这封信。

我和马精武都是北京电影学院表演系毕业，又留在这个学校，做教学工作的教员。多年来，我们很想摆脱理论脱离实践的教学状况，因此在教学工作的同时，努力地参加了一些艺术创作活动。在创作中，有过愉快，也常常十分苦恼。

您的文章常常引起我们的共鸣和思索，所以想到给您写这封信。在电影界，在现实生活中，并不都是像您那么看和那么做的。

一九八二年我们将我写的话剧《我，你，他……》改编为电影剧本，由辽宁科影组织了拍摄工作（因青年电影制片厂没有采用，我们只好和外厂联系）。戏中共八个人物，除一名由刚毕业的学生扮演外，其余全部由表演系教员担任。导演、摄影、美工、照明也都是电影学院的教师共同完成。

我们喜欢现代题材，感到它更具有现实意义。正像您在《清醒》这篇文章中所提出提倡写新人，我们在《我，你，他……》这部影片里力图表现这样的当代人。在表演上，因为我们都是表演教员，针对当前电影表演的虚假，特别注意追求真实的现实主义的表演风格。

对完成的影片，我们并不满意，原因是多方面的，为此曾懊恼过许多日子。但它毕竟是一次实践，是一次追求，我们还是很珍惜它的。

《大众电影》第八期刊登了一篇关于影片《我，你，他……》的通信，您可以看看，可以知道我们的一些想法。说到这封信，还想谈几句。《大众电影》通联组转来一封观众来信，信写得不友好，也不甚礼貌，但我们以为谈谈自己的想法，并无坏处，于是复了信。发表后，我们才看到编辑将观众的来信进行了删节，变成一封似乎是十分公正的信，以致叫我的不少熟悉或不熟悉的朋友私下里责备起我们，说“影片还没放映，你们回这样一封信，等于向人们宣传这部影片极次。”看来，《大众电影》也许真的达到了这样的效果。

我倒不以为然，因为反正已经刊登出了。不过我也有些想不通，有的影片并不是那么好，却大有人反复吹捧。我们是出于教师的实践，进行这么一次探索，为争取这次拍摄所做的努力可以说是挣扎。我们不但得不到一丝丝的鼓励，反而遭骂（我就不在此另述了），实在感到不公平。有的影片尽管很真实，但表现的是一群低俗的小市民，根本不能代表当代人的精神面貌，却被吹捧，甚至出国，这真不可思议。到底鼓励什么呢？

我写这封信，是希望您在百忙中，抽出两个小时的时间，看看《我，你，他……》，给我们提出宝贵意见，我们以后一定在创作中再提高。因为它是小厂出品，常常不被人看，故写信请您留意。

不想再耽搁您的时间，此致

敬礼！

北京电影学院表演系

李苒苒 11/10

在创作过程中的委屈无处诉说，却说给了素未谋面的于敏老师，给他写了这样一封信。没有想到的是于敏老师竟认真地给我们回了信，下面是他写的信：

苒苒、精武同志：

十月间我去长沙、广州、上海转了一圈，看了三个厂的一些样片，听了听当前的创作情况。你们10月12日的信，我是11月上旬回京才看到的。《大众电影》第八期上的信我未注意，而刊物又被人拿走了。前不久才看到《我，你，他……》，同时找来《大众电影》看了一下，也问了编辑刊登信的情况。下面讲几点意见。

1.《大众电影》编辑部删节读者的信并没有不好的用意，也没有用这种方式贬低影片的意思。电影学院老师们的作品，大家都还是重视的。看法是否合乎实际，评价是否准确，则是另外的问题。影协内部（包括我）对《大众电影》也有不少的意见，也时常有所批评，当然都是为了这么一个广大群众性的刊物能办好些。他们压缩读者的信多半是因为篇幅的关系。

2.《我，你，他……》的剧作、导演、表演都是严肃认真的。我并不觉得如读者信中所说的“情节混乱，人物形象模糊、虚假”。影片的不足处，你们的来信都说到了，我没有更多的意见可讲了。我看电影，只能从总体印象上判断真伪、美丑、高低，其实我对于综合艺术的各行当都是不懂的，我只对电影文学多少有些发言权。

3.作品成为社会存在，只好由人家去评头论足，爱说啥说啥。搞创作总是甘苦自知的。“他知”也会有，但是真正碰到心里的“他知”则很少。“音实难知，知实难求”，这话是不错的。而且影片进入社会后，命运也常常不是它应得的。被捧的影片受冷落，被骂的影片受欢迎，也不是绝无仅有的事。所以我想，你们取得一次实践经验的目的已经达到，别的就不必多想了。这话倒也不是息事宁人的意思。搞电影，就得有一条牛皮条似的神经，还得有一个能撑船的肚子，否则日子是过不下去的。

在上影时，请几位同志开座谈会。除了讲创作方面的问题，他们也都肚里有气。我说：我就是气死了还活着的。大家哈哈大笑。艺术上的是非高低、巧拙当然要弄清楚，无关紧要的事情一笑了之而已。

还有，电影界也还是有人不以厂的大小而眼高眼低的。《邻居》不就得了金鸡大奖，张暖忻不就得了特别奖么?

对直爽的同志讲直爽的话。不对的请批评指正。

敬祝

安好!

于敏

1983.11.26

于敏老师这么认真地回复了这么长的一封信，真的使我非常感动，他写得太好了。

电影《我，你，他……》剧照

“搞创作总是甘苦自知的，‘他知’也会有，但是真正碰到心里的‘他知’则很少……搞电影，就得存一条牛皮条的精神，还得有一个能撑船的肚子，否则日子是过不下去的。”

这封信是于敏老师1983年11月26日回复的，至今已三十一年过去，但他说的话依然那么贴切当今的现实状况，依然对我们有警示作用，我由衷地敬重他，感激他，看过他的信之后，我平复了许多，不管怎么说我们完成了一次创作，想着总是让表演系的教师在一起，自己创造条件，完成了一次真正意义上的表演艺术实践，毕竟是我的一点点欣慰。

这是我将自己写的话剧改编成为电影的第一次经历，之后贼心不死，于1991年又开始为学生做了第二次的从话剧改编成电视剧的创作过程。

四、非专业的编剧忙乎不停

表演系于1978年招收了三十二名学生，是那一时期的唯一本科班，还有一个班，即是师资班。表78是幸运的班，因为当时在校的许多老师都去给他们上了课。从排小品、片段到大戏的排练他们接触过众多老师，如张昕老师，那是我们上学时的老师，她有着很深厚的艺术修养，又是极其负责任的老师，她也是对我影响最深的老师。我们表56班毕业大戏排演《雷雨》是她让我懂得了许多许多，不仅仅是表演的技巧，更多的是作为教师她所具有的既严厉又亲切，既刻薄又有趣的一种特殊性格。她时常说的话是：“我怎么会教学生？！是学生们让我知道该如何做好自己的工作，是他们教会了我许多。”这话对我有很大的影响，至今，我也认为自己从学生那里获得了太多太多的东西，也因此才让我的人生变得更加丰富多彩。

这是提到张昕老师让我想到的，我要说的是表78班是幸运的班，也是排大戏最多的班，院里同时也为了这个班的影视创作实践提供了最多的机会，学生上学期间剧组随时可以借他们出去拍戏，同时学院还专门为这个班的学生写本、拍故事片。

张昕老师和钱学格改编了《百合花》，我则专门为这个班写了电影本子《端盘子的姑娘》，这个班有个女生郭靖，是一位有幽默感，素质非常好，很有个性的演员，这个剧本可以说是为她而写。里面另外有两个男青年，一

与张昕老师在大连　2002 年

个女青年，没有其他人物，为的就是给这个班的艺术实践写的，杨晓丹、吕晓刚、袁牧女在毕业之前参加了这部影片的拍摄。

这部片子由马精武、刘诗兵导演，他们在拍摄前还特意到全聚德饭店进行了实习（因为演的是服务员）。

导演和全体创作人员、演员都十分认真，又因为影片比较真实地反映了当代青年如何对待自己的职业，如何面对人生，放映后很受欢迎，报刊上还有人专门发表了对这部电影的评论。拍摄投资花费了三十万元，最后卖给发行公司是七十万，应该算是件皆大欢喜的好事情。

这应该是我的第一部电影剧作，我也参演了一个服务员的角色。

1992年表89班进入毕业大戏的排演阶段，考虑到这个班只有十个学生，很难选到合适的剧目，于是产生了自己动手为他们写一个现代戏的想法，一是他们容易理解，二是毕竟将来上银幕大多是演年轻人，也不会去演外国人，在片断过程中，他们已经排演了很多外国经典剧目，所以希望他们回归到演我们自己人。我根据班里学生的情况、形象、气质、年龄，分别为他们设定了不同性格的人物。那时我正在看崔子恩老师的一本书《青春的悲剧》，里面有这样一句话："青春不会等待。"我很欣赏这句话，正好符合我所构思的主题和内容，于是我就把剧本命名为《青春不会等待》。排演时我还特意邀请崔子恩老师为学生分析了这个剧本。

这个剧写的全部是年轻人，四个高中生由于和别的同学打架，而激动地在海浪的见证下，拜了把兄弟。并相约十年后再次相聚。老大是柳云龙扮演的，老二马川饰演，老三王朔、老四黄翀。被甩下的渔民子弟则由邵兵扮演，他是一位非常正直的落榜生，他因此很生四位同学的气。另有一位学医的是朱宏嘉扮演，后为救人而牺牲，刘爽和王烟蒙饰演姐妹俩，而俞飞鸿饰演柳云龙的妹妹，刘燕军演咖啡馆年轻的老板。高中毕业后同学们各奔前程，有的发财了，有的违法了，有的成小学教师，有的

表89班来家中相聚

出国了，有的犯了小错误，有的婚姻不幸，有的遭受挫折，总之十年后他们再相聚时，已是时过境迁，物是人非，海浪声中他们四个人坚守信用重聚在此，但是已失去了当年的热烈情景，只能听到汹涌的海浪声。

我认为这很有意境，剧场效果也非常好，孙道临老师和李雪健还都来看过。

孙道临对这部专门给这个班的学生写的戏感到很意外，他还给学生们讲了话，他说："戏写得很好，给每个学生提供了展示的机会，给予了创作、发挥的余地，相当松弛，每个角色有各自的特点，通过对角色的解读，体现对人生的看法。"当然他也谈到了希望，他说演员是创作者，在细节的处理上，对人物性格的规划上是需要多想，多思考，多动脑筋。"

演出的最后几场，和表82班的《聋人之家》相似，中央电视台影视部门有人来观看了演出，当即决定由他们投资，我来改编成电视剧，可以在十集左右。那时二十集的电视剧都还很少，我们简直是欣喜若狂。

孙道临观看话剧《青春不会等待》后与演员见面

这对我们来说，当然是件大好事。学生能有参与影视创作的实践机会多么难得啊。我立刻着手把它改编成电视剧，但领导又有一个要求，就是不能拜把兄弟，说在现代戏里出现这个，这是宣传封建迷信。我不能不听，又是无数次修改剧本，无数次审查，我又一次感受到不得不放弃自己构思的痛苦，我很苦恼，又无奈，但不能不服从，因为希望能得到中央电视台给予拍摄的资金，否则不又成为泡影了吗？于是我去掉了拜把兄弟的关键细节，重新调整，又增加了几个上一辈的人物，这故事最后终于通过了，1990年10月于青岛、三亚开拍。

这就是我的第二次将话剧改编到屏幕上的经历，有乐，也有愁。

之后1987年我改编了琼瑶的《失去的天堂》（四集），由哈斯巴根导演，李强、张晓敏饰演男女主角，我也参加演出，饰演李强的母亲，戏中的角色扮演者还有崔新琴、谭天谦。

1988年改编了琼瑶的《一帘幽梦》，本想自己导演，未成，后给学生作为片段排演。

1981年马精武、钱学格导演的影片《笑比哭好》，我在里面饰演医生，郭靖、曹蓬 、张伟克饰演男女主人公，这个剧反映的是有关安全生产的，当时还是很有影响的，由王洁实和谢莉斯演唱主题歌，在拍摄过程中汇总剧本由我协助改编。

之后我成了改剧本的“专家”，马精武因为拍了《笑比哭好》之后，连着几个行业片全都请他导演，除了《故乡的旋律》，大多都是业余作者，剧本不够成熟，我就成了他的专职改编手。

由青年电影制片厂和天山厂联合拍的影片《故乡的旋律》是专门为表81少数民族班的学生设计的，原编剧为柳城，所有演员全部是表81班的新疆少数民族的学生。谢飞让我作为编辑帮助修改剧本，为此我在新疆的南疆、北疆待了整整一个月，白天采访，晚上写，直累得我曾晕了一整天起不了床，好在第二天好转了又继续工作。

1983年8月去江苏镇江一场一场地改编马精武导演的影片《灰魔》。演员有韩月乔、洪融等。

1983年12月改编表现保险事业的影片《欢乐常在》的剧本，他们后来在广州拍摄完成，主演是普超英。

1985年改编反映用电安全的行业片《好女婿》，这个戏全部用的是表82班的学生，娜仁花、张晓林、张康尔、李兆宇，还有老演员黄斐。

1986年编写马精武、刘诗兵联合导演的有关税务法、商标法及土地法的系列电视宣传片，这次李羚、宋春丽、梁天、谢园都参加了。同年还对青年电影制片厂拍摄的影片《被跟踪的少女》进行了修改，这个戏也是用表78班的张伟克及表81业余班的赵艳华分别饰演男女主人公。

1995年帮助修改反映英雄民警故事的四集电视剧《马建军》的剧本。马精武导演，在新疆拍摄完成。

1997年改编二十集电视剧《彭祖传奇》剧本。

电影《笑比哭好》剧照

这之后我自己导演的上、下集电视剧郁达夫的《沉沦》，二十集电视剧《红绒花》，四集电视剧《圆梦》，未完成的电视剧《张学思》都是自己进行了大量的剧本修改、改编并完成的。

除此之外，我自己利用业余时间写了多个电影剧本，当年曾想给表82班写个电影剧本《天山上的雪莲花》，1986年写了有关女演员生活的剧本《人生的路》。参观体验中国跳伞运动员的活动后写了电影剧本《大地在我脚下》。自1980年起，至2000年期间，先后三次写了有关解放区中学生的剧本《毛妮》、《十四岁的女孩》、《太阳暖洋洋》等，这些都是完成后放在那里，都没有拍。

总而言之，除了教学，我在不断地写、写、写！这样做的结果确实是用去了我不少时间和精力，大部分改编没有任何稿酬。我成了“写”家而不是真正的剧作家，只能说我曾经作为非专业的编剧，为此而忙个不亦乐乎，并乐在其中吧。

五、电视剧导演的创作经历

培养演员一般总要以成品来进行最后的总结汇报，舞台演出是必需的，所以表演教员实际上已经在工作中学习做导演了。作为培养影视演员的教员，我们更是希望学生有机会进入镜头前的表演，开始我们常常是在教室里摆一台摄像机直接录下来，慢慢地我们不满足于这样的录像，而是进行一定的分镜头表演。

在表82班的教学过程中，我们曾录了一些戏剧作品的片段表演，后来根据学生编演的小品进一步补充修改分镜头剧本之后进行录制，像拍电影那样有内、外景，成为完整的电视短片，这样能够做到使每个学生体验到在镜头前的表演。当时，表82班共拍了六个小片，其中赵君、娜仁花、李芸拍摄的《归来》，臧金生、林芳兵、李兆宇拍摄的《高楼下》是当时在校的著名摄影师曾念平拍摄的，表演系老师任编导，这两个短电视片最后在中央电视台播出，并获得教育部的教学成果奖。

作为老师，并非一定要当影视导演，接触导演工作更直接的原因是为了使学生有机会参加影视创作，在这个过程中我们有意或者无意地要去关注如何分镜头，如何运用和处理镜头，比如拍《归来》时，娜仁花演的角色去见刚刚出狱的男友，她在门前有些犹豫，曾念平建议拍摄她在门口徘徊的脚的特写，想进，又退，他的这个建议给我留下了深刻的印象。作为表演教师对影视导演创作的学习会更有利于我们启发和提高学生的表演技能。

1985年，我有机会接受了根据郁达夫小说《沉沦》改编的同名上、下集电视剧剧本，是一位天津的作者写的，我重新修改后，由我导演在大连完成了实地拍摄。演员是表82班的李兆宇及表78班的郭靖，还有两位是大连话剧团的演员，拍得很有意境，演员的表演也好。

1987年，另有一部十五集的电视剧《张学思》，是周振天写的剧本，我也在重新

电视剧《沉沦》工作照

俞飞鸿、邵兵和我们

修改了剧本之后由青年厂通过、同意拍摄。由我和导演系的司徒兆敦老师联合导演，演员有表82班的张晓林，还有柏寒、赵宝刚等。11月初，我们赴延安拍摄，并转回北京拍内景，拍摄进行了一个多月以后，由于张学思的夫人不同意而停拍。

我和马精武一直有个想法，只要有机会、有可能就尽量选用自己的学生出演由我们导演的片子，使他们能得到在镜头前实践的机会。表89班在艺术实践方面是很幸运的班，1990年夏，珠影厂著名导演张良筹拍影片《特区打工妹》来到班里选演员，他当即决定了用刘燕军、刘爽分别饰演该片的男、女主角，同时还选定了王茜、俞飞鸿、王烟蒙、邵兵、马川等，几乎是全班参与了这部影片的拍摄。学院和系里给予极大的支持，并且全班借在深圳的机会进行了社会劳动服务工作，这使同学们的实战经验得到了极好的锻炼和提高。因此，我一直由衷地感谢张良导演对年轻学生的信任和帮助，他让这个班的学生得到了一次难得的艺术实践。

表89班在多幕话剧《青春不会等待》演出结束后，获得了中央电视台投拍该剧的资金，这更是一次难得的实践创作机会，可以说这个班级能够遇上这样多的好事情，几乎是其他班级没有遇到过的幸运。

尽管该剧本在改编过程中又被要求去掉了结拜兄弟的细节（这当然是我极不情愿的），但从内容上又补充了许多，扩展了社会层面的涉及，增加了上一辈的人物，这样修改后使这部戏更加丰满和完整，我和马精武也都参演了剧中人物。该剧由我导演，摄影请的是北影著名的摄影师张世徽，制片由已经有这方面工作的丰富经验的学院表演系的形体老师文婉琳担任，美工则大胆启用了美89班的学生李兵。

当时表89班的同学有的已在外拍戏，舞台剧中柳云龙的角色由表87班的钱雁秋扮演，邵兵的角色由朱宏嘉担任，当时考虑到原来饰演老三的王朔上镜头会显得年龄过小，于是换了表87班的刘奕君，王烟蒙饰演的妹妹一角，当时我希望这个角色能歌善舞，于是换了表87班的孔琳。虽然最终这十集电视剧的所有角色几乎全部安排的都是

电视剧《青春不会等待》剧照　马川饰演戴雷

电视剧《青春不会等待》剧组青年演员合影　1992 年

我们的学生，但至今我仍觉得把表89班的王朔和王烟蒙替换掉是不恰当的，毕竟本该是表89班的实习机会，心中始终对他们俩存有歉意，这也许就是做老师的在自己的学生中取舍时的复杂心境和情感体现吧。

我们的拍摄地先在青岛，天已经很冷，记得在海边刘奕君穿着短裤，冻得直打哆嗦，后来转到三亚，完成得很顺利。该剧的作曲是肖白，刘欢演唱主题曲，完成片被减掉很多，压缩成八集。由中央电视台播出后反响很好，据说曾考虑给我们颁个奖，为此其他电视台想买下我们的母带，我都没有答应。当然后来并没有获奖，但对于表89和表87班的同学来说，确实是一次绝好的学习和锻炼。

在这之后，我又做了两部戏的导演，一个是1997年为成都电视台拍的四集电视剧《圆梦》，这是根据一个真实的故事创作的，写的是一位穷苦的父亲为了凑齐一双儿女能够上大学的钱偷了邻居的牛而被判刑，最后在一位法院女法官的主持下，全法

电视剧《圆梦》工作照

院的工作人员捐助了这两个孩子的所有学习费用，使这位犯了罪的父亲的心愿得以实现。马精武饰演罪犯的父亲，女法官由山西省话的演员刘远担任。我们在四川省达州市宣汉县的山区拍摄，外景真实、演员表演自然，成片有些倾向于纪录片的风格，非常适合本片的题材和内容。

另外一部由我导演的戏就是二十集电视剧《红绒花》。

说起这部戏，能有这次的拍摄机会，必须提到一个人，就是1981年在电影学院业余表演进修班学习过的赵宝刚。

当时开办表81业余班是电影学院有史以来唯一的一次，学生都是经过严格的考试而被录取的，因此学生的整体条件还很不错。赵宝刚在这批同学中除了外形偏瘦以外，表演素质和理解力、构思能力及表现力上都比较突出。直到他毕业以后，我始终在关注他，尽可能给他提供一些实践的机会。1982年拍摄《我，你，他……》时，请他来饰演了只有一场戏的领导秘书。他那时非常瘦削，瘦到什么程度呢？表81业余班实习时拍摄科教电影制片厂有关防治肺结核的宣传片时，由他和张光北一起饰演“二

科教片《他得了肺结核》剧照

进宫”（即平时不坚持吃药又复发的病人）的肺结核病人。

1983年河北省话剧团的演员郭法曾（曾多次饰演刘少奇）及其夫人表62班的何玲找到我，希望给他们的戏推荐一位男主角，这部戏是上下集，《聊斋故事——葛巾》，讲述牡丹花仙女喜欢上了一位书生的故事。我想赵宝刚演书生是可以的，便介绍给郭法曾夫妇，他们马上就决定选用了他。这部电视剧是赵宝刚的第一部戏，后来他又成功饰演了《四世同堂》中的祁家老二。

郭法曾夫妇和郭宝昌都是广西电影制片厂的成员，和广西影视界有着密切的往来。正因这次的缘由，宝刚才相识了他的夫人丁蕊。他们至今依然是在事业上互相扶持、生活幸福的典范夫妻。这也许可以说是上天安排的缘分吧。

赵宝刚是个有心的人，他成为导演后，早在拍摄《皇城根儿》时就邀请了马精武去饰演了一位道士，并一直对我说：“一定安排您上我的戏。”我说：“好吧，等着。”一直到1995年5月25日他到北京来我家（近二十年前的事情了，为什么我会记得这么清楚呢？因为我有“日记”这个宝典的详细记载），他说：“我的戏里一直没有您合适的角色，我给您一个二十集的剧本，您来当导演吧。”

“哦？”这对我来说是个很出乎预料的消息，做二十集电视剧的导演，心里有些忐忑不安。我说：“那最好让马精武做艺术指导吧？我来导演。”

他说可以，不过剧本需要修改。事情就这样敲定了。这个戏总策划是赵宝刚，总编辑是张和平，总发行是丁蕊。二十集的剧本做了较大的调整，尊重原创，编剧仍为周云浩，在字幕上附加一行字：导演工作本李苒苒。赵宝刚做事是非常讲信用的，善于调动和处理各部门的工作，并懂得尊重每个人的创作。

在筹拍的过程中，赵宝刚一直帮着选演员，最后确定女主角是翟颖，男主角是邢岷山，表78班的曹蓬，表89班的刘燕军、马川，表93班的侯俊杰，表81业余班的李勤勤、罗飞宇，还有表59班的刘尚娴（影片《英雄儿女》中饰演王芳），她饰演女主角

电视剧《红绒花》全体演员合影

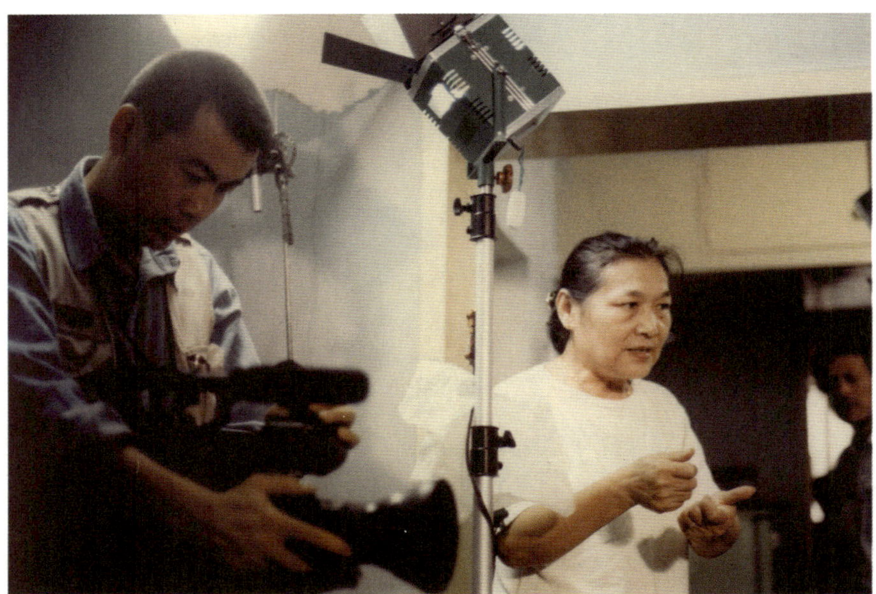

电视剧《红绒花》工作照　左一：摄影师漆星

电视剧《红绒花》剧照

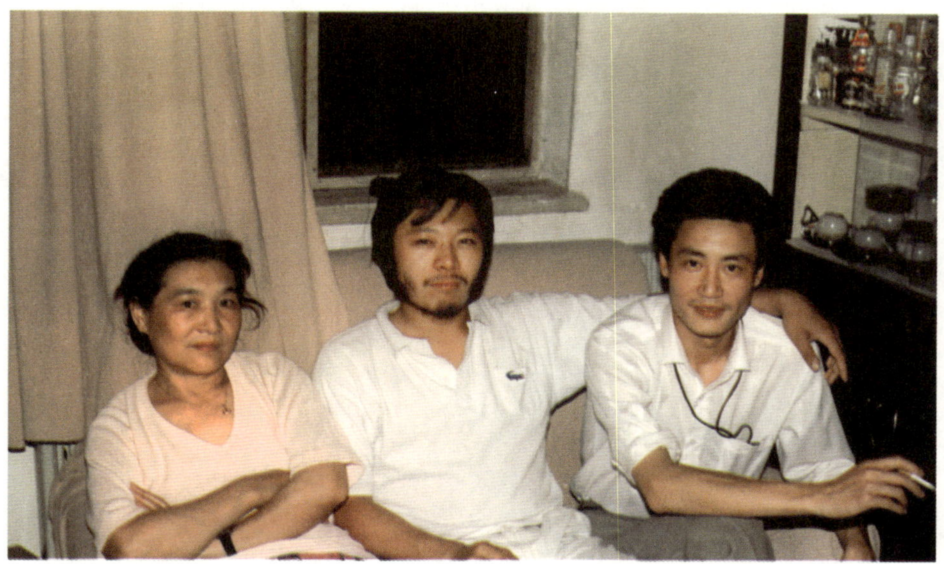

赵宝刚、崔麟在家中

的母亲，还有马精武、常兰天等，我也在里面跑了一个大群众。这部戏的演员几乎全部是电影学院毕业生。赵宝刚也参加了拍摄，饰演一个戏份不多的女主角的追求者。那一年他已经是小有名气的导演和演员，但在拍摄现场可以完全抛开自己的身份，绝对是一位认真而专注的演员，给全组留下了非常深刻的印象，也再次印证了他对表演的热爱、认真和执着。摄影师是从新疆电视台邀请的漆星、谢洪。

这是一支非常和谐、团结、热情、活力四射的团队，拍摄工作非常顺利，至今，我仍很怀念这次合作。

我很感谢并庆幸有这次与赵宝刚合作的机会，使我在花甲之年依然能够获得很多宝贵的与时代和青春题材接轨的影视经验，这是我非常看重的人生积累和体验。这部戏的内容我不再赘述，各地电视台播出时反响很不错。

我和赵宝刚的师生情非同一般，是建立在早年电影学院的时候对表演和艺术上有着共识和共鸣的基础上的。虽然学生们毕业离校后，大多奔忙于各自的事业，逢年过节会打电话来问候或送礼物，会时常来看望我们，与学生的情感传递与联系使我和马老师非常感动。然而，了解我的朋友和学生都知道，事业在我心中占有绝对的分量。

在《红绒花》之后，赵宝刚实现了他的承诺，一定让我在他的戏里饰演一个角色。这就是2008年他导演的《我的青春谁做主》，我饰演了姥姥一角。宝刚不但给了许多年轻人崭露头角的机会，对我，这个昔日的老师，也存着一份珍贵的情分，给予我事业上的最大的认同、肯定和支持，这份情我永远不会忘记。

六、近年来的影视表演作品

从表演系毕业至今，走过了这么多年，不能不承认我作为演员的运气不佳。到了如今这个年龄适合表演的戏自然就更少了，所以我一直抱着顺其自然的态度。一切随缘，顺其自然。

自2000年以后，单纯作为演员参与的影视创作，大致归纳有以下这些，戏虽不多，但每一次机会我都会很珍惜，会认真对待。

2003年于杭州拍摄的电视剧《拿什么拯救你，我的爱人》里饰演教授。

电视剧《拿什么拯救你，我的爱人》拍摄现场　赵宝刚与马千鹤

电视剧《滴血翡翠》剧照

2004年于昆明腾冲拍摄的电视剧《滴血翡翠》饰演玉石富商妻。

2008年在电视剧《我的青春谁做主》中饰演姥姥。

2009年9月于河南洛阳参加路云飞导演的影片《归巢》。

2010年参加电视剧《养父》的拍摄，饰演金老太太。

2012年参加徐庆东导演的电视剧《重案六组》四。

2013年于贵阳拍摄王小帅导演的影片《闯入者》，饰演在最后出场的受害人。

2014年在电视剧《急诊室的故事》中饰演苏大夫的母亲。

这些角色虽然都是老者，老妇，但剧作提供的人物却各有不同。时代背景、环境、年代、人物个性都截然不同。

比如电视剧《归巢》，描写的是失去丈夫后进城探望儿子（王子鸣饰演）的一位普通农妇，她的儿子是位歌手整天疲于奔波，却毫无所获，和妻子也早已分居，只因不想让母亲知道，才再次假装生活在一起，后被母亲发现。这是一位通情达理的母亲，她体谅儿子、理解儿子，孤苦的她最终选择告别儿子，重新坐上返乡的长途汽车。也正因为母亲的到来，夫妻之间有了一丝重归于好的希望。

这部电影人物很少，故事略显单薄，但人物是有感情的，真实的，我在这个过程中倾注了很多心思，对自己对人物的处理还是满意的。我是第一次和路云飞导演合作，在创作中感受到他是一位对电影非常执着，对创作极其认真投入的导演。这部电影在电影频道播出。我希望这位年轻导演能拍出更多更好的作品。

又比如在《重案六组》四，我的戏只有两集，儿子因浴缸爆炸意外死亡，母亲被怀疑是罪犯，戏非常少，但不知为什么当我坐在轮椅上，面对邢岷山饰演的刑警佟林时，当他讲起乌教授过去上课的情景时，我的的确确感受到了这位母亲的内心，甚至她的一生，这是我在创作过程中鲜有的一种感觉，我觉得自己在短短的两集戏里能深深体会这个教授曾经有过的才华和瘫痪后的寸步难行，她对生活的彻底无奈和放弃，表现出来她是不想再拖累任何人，才干扰破案，情愿把自己送进监狱。

这段表演经历，让我感受到，演员表演不在于戏有多少，而在于是否能够在短短的戏中传递给观众更多的信息。正如王小帅导演说的："戏不在少，有心就高。"演员演戏确实是要用"心"。

在贵阳参演王小帅导演的电影《闯入者》，戏份很少，现在我也不能确定影片经过后期剪辑之后，我的镜头还能留下多少，但我在现场拍摄时，看到那些曾经在此地奋战过的人居住的旧房子，我能理解在当地生活过的这些人的心境和状态。所以在仅有的戏份里，我可以感受到人物，抓住人物的感觉，体现人物的状态。

拍摄《急诊室的故事》时，我饰演的是时而清醒，时而糊涂的母亲。她非常疼爱自己的女儿，心地很善良，有一场戏她看到受伤的杂技演员非常难过时，这位母亲就坐在杂技演员的旁边一直安抚她。徐庆东（曾执导《走在战争前面》、《啊！摇篮》、《剧风行动》、《缉毒英雄》等颇具影响力的电影）是一位非常认真的导演，尽管拍摄时他的身体一直不是很好，但每一场戏他都坚持坐在监视器旁工作。他对我的戏总是非常满意，常常给我两个字作为褒奖——"厉害"。

徐庆东导演的认真和细致反映在拍摄的每一个细微之处，记得有一场戏是我饰演的母亲去医院找女儿，一个过场戏，楼道里有人晕倒，人们来来往往，这里其实是要表现医院的氛围，结果徐庆东导演忽然喊："停！有人晕倒，你们为什么就不知道看一眼呢？！"

《急诊室的故事》拍摄间隙　右一：黄素影　左一：王茜

还有一场戏是王茜回家，看见家里多了一个陌生的老太太，王茜习惯性地用严厉的眼神判断着。徐导说："你该笑一点。"王茜不服："我干吗要笑？"我正在监视器前看，就插言说："是有点严厉了。"因为王茜的眼神里流露出一种警察巡视的机警。徐导马上说："对，你过于严肃了，毕竟面对的是一位手无缚鸡之力的老太太。你的眼神过于严厉了，这可是你老师说的。"

徐庆东是位艺术感觉非常准确的导演，任何拍摄环节稍有一点不恰当他都会不予通过。整个团队都需要跟随他的这样一丝不苟的创作态度拿出十分的敬业精神来运行。所以他的《重案六组》系列剧会坚持那么久，每一部都受到观众的热追和喜爱。非常遗憾的是就在我写这本书时，传来令人十分痛心的噩耗，他因病离开了我们。自此，我们就只能去他的那些让人热血沸腾的作品中去怀念他了，他那热情的笑容会永远留在我们的心里。愿他在天堂知道我们将永远思念他。

在电视剧《滴血翡翠》中我饰演的是一个富商妻，丈夫因赌石输掉全部家产而气绝，儿子被逼失踪，最后她自己也遭遇惨死，是一个悲剧人物。我自己对表现这个人物也还是满意的。

电视剧《养父》中的奶奶是个遭人恨的角色。一天，我在自己的微博上突然看到有人在评论上写到："不要自己的孙女，恨死你了！"开始我没明白什么意思，后来才想到这是在说《养父》中的奶奶。张国立说我是在纠结中完成了这个人物的塑造，确实如此。其实作为演员，正、反面人物都可以演，但我只是希望即使是一个有缺点的人，她的行为也应符合真实的生活逻辑。那部戏在现场拍了奶奶刚刚丢失孙女时，急得到处寻找孩子的镜头，只是后来没能找到，也就没再继续寻找。不知为什么播放时这场戏被剪掉了，我想可能就是为了体现老太太就是坏，诚心遗弃孙女，把这个遭人恨的奶奶往更坏的一面推。这确实是我在拍摄的时候就有不同的看法。当然演员最终要尊重导演的处理，这是演员的职责所在，也是一种无奈吧。

《我的青春谁做主》是近年来我拍的戏中比较有影响的，该剧的编剧高璇、任宝茹是两位才女，她们写的这部戏，结构、情节的设置都很有意思，三代人的代沟，不同的性格，姥姥郎心平和这一家七个女人，在不同时代下形成的性格都具有生动、鲜明的生活趣味。这是这部戏得到观众喜欢的关键所在。

赵宝刚、王迎导演对电视剧镜头的运用、节奏的把握、娴熟的导演处理，使观众感觉这部戏那么贴近自己的生活，就像发生在自己身边的事情。

这部戏是2009年播出的。至今已经过去五年，我还时常被观众认出，尤其许多年轻人，在微博里给我留言，直呼姥姥，我感受到大家对这个角色的由衷的喜爱。有的年轻人说："姥姥讲的话，真有哲理，我们爱听。"我回复说："那是作者写的。"这不是谦虚、客套，是真话。我拍戏的时候，基本不随意改动剧本台词，按照剧本和导演指令表演，这或许是我做演员的一个习惯。有的观众问我："您本人是律师吗？"可见，我演得还真像个律师。

电视剧《我的青春谁做主》宣传照拍摄间隙

在这部剧中姥姥郎心平是一位法律界权威，剧本中大段的台词是讲法律的一些事，其实我对法律还真不太懂，所以凡是涉及法律的大段词常常记不准确，有一次拍摄是和青楚谈法律，热心的剧组工作人员把大段的词用大字抄在一张纸上，举在一旁让我演的时候边看边说。

“不行，”我说，“我做不到，我还是自己把台词背下来吧。”如果像这样去表演，怎么可能真正地表现出此时此刻人物的状态和心理愿望呢?

不管戏多戏少，不管有台词或者没有，不管拍得多晚，我都会以不懈怠的态度对待。记得有一天拍到夜里12点半，我悄悄对饰演二女儿的苏小明说：“你这句台词别连着说，中间停顿一下会更好。”她指着手腕上的表：“您看看几点了？”但等最后看完成片时苏小明后悔地对我说：“提醒得真对！这儿停顿一下，再说下面的台词就对了。当时我还说都几点了。”接着她自己哈哈大笑起来。

《我的青春谁做主》的剧组是创作上非常认真的一个组，剧组所有的工作人员和演职员在工作风格上都是统一的，无论戏多戏少，大家都努力地完成每一个镜头和场景的拍摄任务。比如演二女婿（方子哥饰演）女友的王兰，戏不多，但服务员的身份把握得很准，同时表现出那个阶层的普通女人对爱的渴求和无奈，很细腻地表现了人物的情感和心态。

从珊、盖克、苏小明、赵子琪、王珞丹、林源等我的家人们，我们真的像是一家子。这一切与编导有着绝对密切的关系。

我要说这一切是和赵宝刚有关系。他不但创造条件让我做了一次导演，同时也完成了他一直想要实现的承诺——让我在他的戏中演一个角色，这一次，他做到了。我是真心地对赵宝刚在事业上给予我的多次支持和信任，表示由衷的感谢。

电视剧《我的青春谁做主》全组合影

回想这些年来，我作为演员的创作随意性占着非常大的比重，没有刻意的非要去完成什么，或者一定要求自己追求怎样的辉煌，一直只是遇到什么角色就尽全力而为之。

对影视表演一直没有放弃的原因，大致有两个方面：一我喜欢演戏，我自己曾说：真的很佩服银行工作人员，我可是一去银行就头昏眼花，脑子马上一团浆糊。一去给学生上课就精神百倍，一进拍摄现场也不觉劳累。这样想来，我确实不是和理科打交道的料，幸亏在哈工大时及时改行。二是我总是希望在实践中体验一些，总结一些，对于表演理论我始终有一个观点：它必须是从实践中来，再回到实践中去，它必须具有指导价值，必须是有益于实际操作的理论。

所以我一直不愿意放弃舞台和影视的创作，同时在教学过程中断断续续地写过一些理论文章。

主要有：

1984年参与艺术词典词条的编写工作。同年参加了为期二十天的在北京召开的国际电影节讨论交流会，并在会议上发言。在那个会上观摩了《猶山节考》。

1994年写了《电影表演技巧论》一文，获得北京电影学院第三届优秀教材奖。

同年与马精武、刘诗兵、张建栋合著《电影表演艺术概论》一书，最后由我统稿，历时一年，直到1995年3月完成，由中国电影出版社出版，该书获得1996年广播电影电视部高校科研成果三等奖。

也曾写过一些有关表演的评论文章。总而言之我认为学表演最好不要空谈，最好不要发明许多让人费解的辞藻，绕来绕去，连内行都看不懂，更不要说对初学者有什么帮助和益处了。表演理论还是以通俗易懂为好。

我自知我只是在业余时间演点戏，离休以后仍以教学为主，平时也只是有感而发写些文章，既称不上是什么演员，更不是什么理论家。但我对自己所做的每一项工作都是认真的，我很庆幸自己是这样的一个人。

还想说的一些话

人生的路既漫长，又短暂。说漫长，日子得一天一天地过；说短暂，几十年的光阴转瞬即逝，毫不留情。

幼小时光，对我来说似已经很遥远很遥远。

“为什么我是我？”

“为什么我不是他？”

“为什么他不是我？”

不知别的孩子是否有过这种莫名的思绪，只记得我小时曾不止一次地问过自己为什么，回答只能是：我就是我！

人的出生没有自我选择余地，幼年乃至童年都自主不得，这是毫无疑问的。然而走到青年这个阶段，人还是需要拿得起放得下，自己的事情自己做主，才不会懊悔一生。

我的童年有欢乐，有动荡，总归还是幸运的，尽管我的父母所选择的路是艰辛的。1945年，父母携全家到了晋察冀边区，革命让我们一家早早地就各奔东西，各散一方。1953年七兄妹曾拍过一张合影，再相聚留影时已是四十三年之后，却已缺少了大弟李力夫。

自1946年之后，兄弟姐妹全都入学，最小的妹妹5岁住幼儿园，离多聚少，常常是隔年相遇几日，久不相逢已成习惯，有时甚至感到亲热程度还不及同学、朋友。

1946年11月我不到12岁时被送到晋察冀边区联合中学，这既是干部子弟中学，也是一所随时可调出调进的支援革命的干部学校，因而每个学生一入学就建有档案，也就算参加革命。于是我大约成了一名年龄最小的离休干部。

我的父亲离世后葬于河北阜平，当时简单立了墓碑，现早已不知去向。母亲五十

一家七兄妹　1953 年

四十三年以后的兄妹合影

年代支援边疆调往贵阳，1985年去世葬于贵阳。大哥李抒维1952年参军，为彭德怀部下，后发往北大荒参加农垦，现安葬在那里。大弟李力夫北航毕业分配至陕西，一直工作到1996年，去世后安葬在陕西宝鸡。二弟李维立一家在天津。小妹刘扬一家成了地道的贵阳人。小弟李平和大妹刘楠留在了北京。这就是各自的归宿。

1965年在我出发赴河北抚宁县参加文化部组织的文化工作队的当天，我曾称之为母亲的七姨在大连病逝，因为下乡那是不允许请假的，就此永别离。

父亲、母亲的伟大理想是实现共产主义，这种信念一直激励着他们走过他们的一生，有时想到我们的上一辈过的日子比我们艰难困苦得多，至少我们如今过着安定的生活，心存无限遗憾，也终是无奈，这一切由不得我们的心愿。愿他们的在天之灵安息。

伉俪

我自己的人生之路是我自己做主，因为从事了我喜欢的事业，我愿意为之付出，终身无悔。

我个人的家庭是圆满的，尽管我与马精武夫妻二人性格差异较大，难免有磕磕碰碰，生活中也有过挫折，有过遗憾，但我们在事业上相同的观点、相同的志愿使我们始终如一地相互帮助，相互扶持，无论是在教学上还是在创作上，我们相伴一步一个脚印地走到今天。

我们的儿子马川幼时疏于来自父母的关心，幸得亲朋好友爱护、照顾而健康成长。小时候他很喜欢演戏，五六岁时随马精武在影片《金光大道》中饰演高大泉（张国民饰）的儿子高小龙，10岁时上舞台和我们演出话剧《这不是戏》，饰演麦文辉（马精武饰）的儿子麦小涛，12岁时又参加了影片《我，你，他……》和《沙鸥》的拍摄。高中毕业后考入北京电影学院表89班。参演了影片《悲喜人生》、《椅子》、《第九号悬案》，电视剧《红绒花》、《青春不会等待》、《玫瑰悄悄红》等。1996年在中央电视台播放的讲解电脑知识节目中做主持人，之后他选择做制片、策划，与管虎合作，作为制片人完成了影片《杀生》的制作。他形象不错，却放弃演戏，开始我们心里总有些遗憾，但，一切随他。每个人都有自己选择职业的权利，只要努力，只要热爱，只要不愧对自己的人生，我们总是会支持的。

我们的儿媳妇明佳仪是儿子的高中同学，他们从相恋到结婚、生女，至今已走过二十四个年头。是我一直希望和他们居住在一起，在当今像我们这样一直还能同住的家庭已不多见，而我们还能做到，实属不易。我知道这需要互相包容，互相体谅。我们有互相帮助的时候，也会有互相添乱的时候，这是肯定的。

我们的孙女马千鹤诞生于1999年，我已离开工作岗位，我们给了他们很大的关心和帮助，同时，我们渐渐走向年老，有些事已顾不过来，这就又会给他们增添很多的麻烦。在孙女幼小时，经常找不到合适的阿姨，这时是崔新琴、文琬琳给了我极大

家和

的帮助，让我们欢快地度过那个阶段。许多年过来，我们并没有因为有了孙女而耽误工作，我们外出拍戏、上课、参加会议等活动时，大多时间都带孙女一起去，因此她在不到两岁时便随我们去过广州、深圳、上海、杭州、大连、丹东、无锡、成都、重庆、青岛、日照、贵阳、新疆、昆明、腾冲等地，这期间她总是很乖，并给我们带来欢乐，为此我们要感谢儿子和儿媳对我们的信任。

马千鹤的父母也曾带她去过韩国、加拿大、美国，还去哈尔滨、日本参加滑雪运动。这使她见识广、性格开朗。她自小就喜欢画画，4岁时画的水墨画仍保存完好。她的爱好广泛，学习好，并在课余时间学习舞蹈、美术、钢琴，我们从不采取强制手段。这次让她给我和马精武各写一篇文章，我没有想到她会欣然答应，并很快写出，得到编辑的赞赏。

亲情、友情伴随我们的一生，早年曾和我度过艰苦岁月的老师、同学、哈工大我的好友郑光迪、刘植桢、朱育理、党迪华以及1945年就相识的何克让，还有表56班我们的同班同学巴音孟和、罗鹤龄等，是他们使我懂得什么是友情。

在此我还要说说我的同事。一般大学四年，毕业后各奔东西，而我们的大学同学中表56班的钱学格、林洪桐，表57班的李宁、刘诗兵、王淑琰均为毕业后留校，在一起走过五十几年的时光，相互间的了解自不必说。还有导59班的韩小磊，导60班的谢飞，在工作上、艺术创作上一向都相互支持，相互协作，使我们曾一次又一次地取得所期待的成果。

我欣赏谢飞的坦诚、大度、潇洒及才华，喜欢钱学格的不注重个人名利的心态及对工作的极端负责，赞赏刘诗兵的执着而细心的不辞辛苦的工作作风。林洪桐的勤奋好学能写书，李宁的头脑清醒，王淑琰的心地善良。在和他们多年的相处中，我从他们身上学习到了很多。

还有一些本来是学生，之后也走上教学岗位的后起之秀，比如李克己、崔新

与谢飞合影 1967 年

琴、霍璇、郑建初、陈浥等。我不能把所有同事的名字都写在这里，和他们在一起也已走过三十余年的时光。有时我想一个人有几个三十年，又能有几个五十年？尽管我一向被人认为个性强、骄傲、不善于团结他人，但在心里，我很珍惜我们之间建立起的友谊。

还有我的学生，从表62班起始，除主带过的表82、表85、表89以外，我还曾给表78、表84、表87、表88、表92、表95、导85、导04及文92、武警班上过课或辅导毕业论文答辩，我更关心他们。

离休后的学生也有很多。

对于本科生来说，即使是四年，相对于一个人的一生来说仍然是短暂的，学生走上工作岗位后成功与否关键在于自己的磨炼和努力，我想作为教师，不会也不应该把学生成功的功劳归于自己。“师父领进门，修行在个人。”演员这个职业的特殊性决定了，没有机遇，即使你是天才，也很难成功。因此我一直说在几十年的演艺生涯

张艺谋、芦苇、巩俐来家做客 1991 年

中更多地要感谢那些一路走来曾帮助过你、扶持过你的人，要感恩他们给予成功的机会。我虽然依然关注他们的进步和发展，但当我对成名和成功的概念有了新的思考之后，更多的是期望学生无论做什么，只要是自己喜欢做的工作，满意的工作，有一个和谐的家庭，那就是快乐，那就是幸福，那就是成功的人生。

幸福、快乐里包含有愉快的工作，也有亲情、友情。我们家的好客是出了名的，导演郑洞天曾说："全楼老师家的客人加起来也没有他家的客人多。"

确实如此，拍戏的剧组人员，远方来的同学、朋友及学生，真可谓络绎不绝。例如：芦苇、张艺谋、巩俐、斯琴高娃、巍子、张瑜、顾长卫、苏小明，包括港台的同行徐克、严浩、张曼玉、吴兴国、金世杰、戴立忍等，都到家里来做过客，剧组现场也常常可以吃到我为他们做的菜肴。

学生在校期间及毕业以后来家吃饭更是不计其数，大家喜欢家中的轻松氛围，喜欢这种随意的吃喝，不过我也说过："趁我现在还能干得动，做得了饭，来享受吧，总有干不动的那一天，那样你们剩下的就只有思念了。"

走到我如今这个年龄才真正体会到人生无常，我们的老师邸力、欧阳儒秋、黎莉莉、史宽、海音等都已辞世，甚至我们表56班的同学郭致霞、胡乐佩等都已有七位离我们而去，心里永远怀念他们，感激曾一起走过的路，同时使我懂得珍惜时光，珍惜生命，珍惜我们依然存在的友情。

最后我要说的就是感恩一切。

感恩我从年轻走到年老所经历过的一切。我的童年得到过许多的关爱；我的中学时光，生活虽然艰苦、动荡，但有那么多教师呵护着我们健康成长，受到的一切挫折

圆满

使我增长了才智；大学时光的老师更是在我掌握专业的技能上起了至关重要的作用和影响，使我终身受益，使我能够在走上工作岗位后做一名合格的教师。

感恩我的朋友，感恩我的学生。

是朋友、同行、学生使我变得坚强，使我永存信心，使我的精神得以充实、饱满和富有。

我也要感恩我的家人，我的儿子、儿媳，尤其我的小孙女带给我们无尽的欢乐和希望。

感恩这一切、一切！

下编

挚 言

›››　　　　›››

我的奶奶

马千鹤

爷爷奶奶要开始写自己的传记，这件事我已经知道很久了，但是在我要忙起来之前突然交给我一个任务——给他们两位各写一篇文章。首先作为一个刚刚上高中的学生，在如此有意义的两本书中，各加入一篇文笔不好、辞藻不够考究、会拉低整体水平的文章简直一点都不严肃，真真切切地这么觉着。其次“我的爷爷”、“我的奶奶”这种作文在小学已经不知道写了多少次，每次假期都要用这样的作文混过去，而在长大了之后，却一直没有勇气下笔去写。如果读者觉得我写得真的看不下去的话，请毫不犹豫地翻页吧！！！

在我小的时候，爸爸妈妈都很忙，不管是在家待着还是出去玩，都是跟爷爷奶奶在一起，从来没有分开过。我们家和其他人家也不一样，爷爷奶奶、爸爸妈妈还有我一直住在一起，不是那种住对门或者同一个小区，而是真真正正地生活在一起，也因此，我从小到大对爷爷奶奶都有一种依恋，他们一直在我的生命中占据着一个很重要的位置。貌似很多人说过，像我这样年纪的孩子，都不愿意把对家人的爱意挂在嘴边，反而会向他们发脾气，但是他们依然爱着我，包容我，哪怕晚上吵架了，等到早上起来还是会问我要不要吃什么，悉心地照顾着我，这样的养育之恩，值得我铭记一辈子。

奶奶给我的印象一直是慈祥平静的，有一幅画面到现在我还记忆犹新，还没去幼儿园的时候，自己坐在地上玩积木，回头看见奶奶在厨房做饭，一个人要做出五个人的晚饭，却总是有条不紊，一点也不忙乱。现在回头看看奶奶，依然是安静地坐在桌子前整理着自己一生的经历和心血之作。她的故事我听过很多次，每一件事都对她有极大的影响，有离开父母，自己在火车上旅行；有小时候自己去上学，放学是自己走回家；有为了梦想而放弃学习了一年的大学；有在异国他乡学习深造；也有作为艺术工作者奋斗的一辈子。奶奶的性格和为人，对我的影响也非常大，相较于那一时代的大多数人，爷爷奶奶的素质和文化水平都是很高的，带给我的也是严格的家教和良好的教育，但也有一点是让我哭笑不得的，所有认识爷爷奶奶和爸爸的人，都会问我将来是不是也会当演员，貌似大家都期望着我沿着他们走过的路，将他们心心念念的艺术事业发展下去。

奶奶一直都很善良，不会有那种让人厌恶的“小市民”心理，对所有的人都很友善，不管是服务员、小时工、小区里的保安，还是超市的收银员，永远都是和和气气的。年轻时也不争不抢，不慕荣利，从来没有因为这些苍白的东西去与他人发生冲突。后来离休之后，给我的印象就是偶尔出去拍拍戏，参加什么会议，大部分的时间都给了我，带着我去植物园、公园；送我去幼儿园，小学；在家做好吃的，我回家就能吃到；每次吃完晚饭，陪我去楼下和小区里的孩子一块玩……

奶奶也会做出让人哭笑不得的事情。他们一辈子秉承着自己的意愿做事，并不是十全十美的。比如吃饭的时候，奶奶会“抢”旁边人的餐巾纸，有的时候在家里吃着吃着饭，我想找张纸擦一下，就会发现别人都人手一张纸，只有我没有，看看旁边，奶奶手边一定有两张用过的纸……她并不是故意去“抢”的，只是看到边上有纸就顺手拿了，不过这么多年我已经习惯了把自己的纸放在挨着别人的那一边了。许多人眼中的李苒苒，是一个沉稳严肃甚至高高在上的老人，但是在我眼里，她就是一个关心着、爱着她的家人的平凡的奶奶，她无微不至地照顾着我们。悄悄地说，我在她心里是排第一的，在我爸前面！

对于我来说，这些一点一滴都是无比珍贵的回忆，时间悄然流逝，奶奶对我的付出，对我的影响，对我的爱，我会铭记一辈子。感恩她所给予我的所有，愿她平平安安，健康长寿。

相识于1949

郑光迪／哈工大同学

我们几家人和苒苒、精武一家是好朋友，现在每年都要在“百忙之中”聚几次。聚会之时，必定涉及的话题是1965年以前——我们从年少懵懂到情窦初开的日子。那些让我们兴奋的事儿每次都要提起，慢慢地，这些“必上菜肴”各家参与赞助的孩子们都能背下了，有时免不了藏不住“不屑”之表情，老家伙们却乐此不疲！

我和苒苒最初相识是在哈尔滨工业大学预科。

1949年，新中国成立前夕，即将来到的新中国社会主义建设事业正需要大批各行各业的人才。那时南方还在推进解放战争的脚步，北方解放得早，哈尔滨是最早解放的东北大城市，哈尔滨工业大学是具备较好条件的高等工业学府，于是开始培养人才的任务就落在她的肩上。

与我们同时入学的那批学生有几百人。有来自铁路系统的，来自解放区华北大学工学院和育才学校的，有从东北招考的，还有些调干生。

苒苒和我同岁，都是15岁，初中文化程度，她从华北解放区的育才学校来，我从延安来。按照我们的年龄和学历，自然就分到预科初级班。初级班人很多呢，我和苒苒不在一个班级。

哈工大预科突然间膨胀到如此之大，校舍就成了问题，所以入学后的大事之一便是借房住，搬家，再搬家，再建校。开学后的第一、二年，记得我们搬过四次，最后的沙曼屯校址是预科自己的家，也是边建校、边投入使用的。

工大预科的课程是参照苏联十年制学校理工类课程设置的，大体上预科就算工科高中吧。课程设置有语文、俄文、数学、物理、化学等，不设自然、历史、地理等课程。除语文和体育课以外，全部采用俄语授课。

1950年抗美援朝，预科师生积极参加给最可爱的人——志愿军做炒面的工作。校舍里架起一口口大锅，一袋袋生面粉扛进来，又一袋袋炒面运出去，每一锅放多少油、盐，炒到什么火候都是有定数的。那时候，大家的心是火热的。唇亡则齿寒。抗美援朝、支援前线的念头在我们年轻人的心里是那样的清晰，以致做一切事情都是夜以继日地全身心投入，义无反顾！

在这时期，为了保障学校夜间安全，成立了护校纠察队。一些外表看来成熟点儿的男同学都被选进去，从育才入校的男孩儿去的比例更大些，我老伴大刘就曾是其中一员。他们夜间巡逻，白天上课。后来得知，巡逻时居然是荷枪实弹的真家伙，这一下他们在我们小女生眼里很是增长了英雄气概，心中不免升起神圣的感觉。不好的是，有些队员因此有了借口学抽烟。

苒苒和我在校期间是非常要好的朋友。沙曼屯有个操场，除了通常的运动项目以外，还可以在那里玩滚铁环，在冬天时泼上水就又成了冰场。课余我们一起滑冰，或者做其他文体活动。我们的关系，拿现在的用词来说，就是闺蜜。我那时又瘦又小，像没长开的豆芽菜，难怪外号小豆。苒苒比我个子高，而且长得舒展，我们虽不在同一个班，但是她像姐姐一样地关心、照顾我。一次我与一位男生随意打赌，他赌我不敢剃掉自己的眉毛，我为了逞强，连赌注都没约定，拿起剃刀自己就把眉毛剃掉。后来见到苒苒，她看见我的模样后责怪了半天，并且找来生姜天天替我擦眉毛（据说这样能促使眉毛生长得快些）。因为战争，我没有亲姐妹，从3岁以后就没有再见过父亲，也没有和母亲常见、久居。所以苒苒这样的爱护对我来说是很特别的。以至于，六十多年过去了，这件小事却恍如发生在昨天。

苒苒让我十分佩服的是四年以后，她最终争取到组织上同意，按照自己的兴趣与志向，选择离开哈工大去学习艺术。拿我来说，之所以学工，或者说被选择学习并在职业生涯中干了一辈子的专业，那是听从组织安排，服从组织决定，这既是那个大时代的特点，也是个人在那个时刻没有意识思考自己的喜好的结果。当然我并不后悔，反倒觉得只要努力去学并且深入地学进去了，不单是得到些为人民服务的本事，而且自己也获得了学习的无限乐趣。可是我真的从来没有想过，这，是不是我最想要的，或者，是不是最适合于我的，我好像没有这个意识和这种勇气与激情。而苒苒则不然，她知道自己想要的是什么，知道什么最适合她；而且，经过自己不懈地努力，争取到了实现自己愿望的机会，并且在这个专业上取得了很好的成绩。这就是她的智慧和魅力，是我理解她和佩服她的地方！

后来的岁月，我们大家都分别走上各自的工作岗位，在繁忙而努力地工作中顺便完成谈婚论嫁和传宗接代的任务。这期间，我和老伴大刘去小西天北京电影学院看过苒苒和精武，他们搬家以后，我们也去过。待我们到了退休年龄，分别离开工作岗位后，那就一发不可收拾了，只要有机会就聚。他们参演的电影、电视剧我们必看，从苒苒最早的那部《烈火中永生》开始，一直到热播的《我的青春谁做主》

和去年精武参演的《小爸爸》。

和苒苒相识、交好是从我们的花样年华开始，她出挑得舒展、美丽、生动、大方，是在哈工大学习的岁月里不多的几位佼佼者之一，自然她周边总围着倾慕者。但是，那时那刻这些准“骑士”们却都比较含蓄，错失了良机。后来，老了，就放开了，我老伴儿便奋勇抢位于“初恋情人”，只可惜，经过公议，此位早有专属，这不是别人，正是后来咱共和国堂堂航空工业部的部长——朱育理同志。既是“初恋情人”，按定义此位不能复制，大刘便只得屈居为“暗恋”。但是他也不失落，因为苒苒说，大刘去家里时，她妈妈说：“这男孩儿不错。”

苒苒和我交好一辈子，现在大家都到了“80后”，可以说，苒苒坚强又坚毅，善良又善意，她的一生是耕耘事业的一生，耕耘艺术的一生，耕耘教育的一生，耕耘家庭的一生，耕耘爱情的一生，耕耘友情的一生，耕耘生活的一生。一句话：耕耘幸福的一生。经过半个多世纪的磨炼，我们哈工大预科这圈朋友中，出了许多在共和国数得上的出类拔萃的人物。除了航天界功勋卓著的育理兄，还有工程院院士仲奇，女将中有清华大学博导迪华（她在轮胎动力学理论与实践上颇有建树，在国内外汽车工业界无人不知晓），还有八旬后依然在敬业奋斗的轧钢设备专家家锵等。而让我们一众同学倍感欢喜的是：在文艺界颇受观众熟知和喜爱的“姥姥”苒苒，也是经我们这里升起的一颗闪亮的星。

老女孩儿李苒苒

苏小明 / 朋友

我和苒苒结缘于电视剧《我的青春谁做主》，她演姥姥，我演她的二女儿，那是在2008年的夏天。没想到就因为这部戏，我们成了好朋友。一晃六年过去了，朋友之情随着时光的沉淀而愈发浓烈。

生活中，我习惯叫她苒苒，按资历我应该称呼老师，论年龄我应该叫她姐姐，可我从第一次见到她就想叫她苒苒。因为苒苒是个可爱的人，她给人的感觉总是那么放松，那么容易相处，总能让我忘记年龄的差距。她体贴宽容，散发着母性的魅力，但同时她又有着孩童的纯真和简单，好似岁月的沧桑从未染指她的内心。

在我们一起拍戏的过程中，我从苒苒身上感受到了一个文艺工作者应具备的素质和修养。她演戏质朴真诚，我能感觉到她是在用心去塑造一个她心中的、无论戏多戏少都有着自身魅力的角色。

同时，苒苒也是一个好老师，她带出过很多优秀的学生，如今都活跃在影视荧屏上，可谓桃李满天下。她用自己的文化、知识、经验，甚至是做人的道理，感染着她的一代代学生，教他们演戏，更教他们做人。

生活中的苒苒，有滋、有味、有情调，她有着很积极的生活态度和理念。苒苒爱生活，更爱朋友，她最喜欢的事就是约上三五好友去家里，做朋友们喜欢的和新研究出的菜品给大家吃，不论是中餐、西餐，面食、甜品，她都可以轻松地驾驭，我想她看到大家吃东西时的幸福样子，她自己的心里肯定也是满满的幸福感，因为她爱分享。

最让人佩服的，是苒苒对新鲜事物的接受能力。现在年轻人接触到的东西，她都愿意去尝试，微博、微信，她比年轻人玩得还要过瘾。用“90后”的话说就是“零障碍、无压力”。

真诚、开朗、善良、漂亮、乐观、从容，苒苒就是这么一个有活力、爱生活、爱工作、有情调的人，她总会让你不由自主地喜欢。

生命的列车一直在前行，年轮的印记留在每个人的脸上，没有谁能逃脱得了地心的引力、人生的定律。而当你有一颗与岁月逆行的心，无论何时，你都很有光芒。这就是我的朋友——老女孩儿李苒苒。

完美姥姥是如何炼成的

高璇 任宝茹／朋友

在我们编剧的电视剧《我的青春谁做主》中，李苒苒老师饰演剧中统领三代杨门女将的姥姥郎心平。这个人物既非情节发动机，也不是中心事件的主要参与者，但却担负着重要职责：三个外孙女成长历程中的精神导师。

法学专家郎心平在教育三个女儿成长过程中，没少犯中国式家长的错误，被女儿们当做失败的妈妈，但“失败”是“成功”的妈，当女儿们各自有了女儿，失败妈妈也从以往的错误中总结经验教训，变身一位前卫、豁达、宽容的完美姥姥，永远站在年轻人身后，给她们温暖、指引、助力，却从不指手画脚、横加干预。这样一个角色注定要和三个女儿及三个外孙女之间有很多交流，同时作为法学前辈，和外孙女、职业律师赵青楚之间还有许多关于法律和案情的分析，台词量非常大，而且有很多法律专业术语，茑茑老师以七十多岁的年纪，每天要背大量专业性很强的台词，是非常困难和辛苦的。

因为这个戏是边写边拍，我们两个编剧基本一直跟着剧组。有一天导演跟我们商量：茑茑老师的台词量太大，这么大年纪太辛苦，后面的戏能不能想办法给她减点台词量？于是在后面的剧本里，我们开始适当减少姥姥在一些事件中的参与程度，降低她的台词难度。如此这般没几天，忽然接到茑茑老师的电话，开门见山地表示：这两天有好几场戏，我应该发表意见的地方，话都明显少了，我知道编剧和导演怕我太辛苦，但我真的没问题，你们不用为照顾我特意减少台词量，这样会有损这个人物的准确性。这个电话打完之后，我们被茑茑老师的敬业精神深深感动，再也没给过她任何特殊照顾。

《我的青春谁做主》是一部写年轻人初入社会、成长中的困惑和思考，以及中国家庭中父母和子女的沟通问题的社会话题剧。我们写剧本的时候，是将姥姥这个角色作为编剧的代言人，传达我们在这些问题上的思考和理念，在剧本创作中，对这个承担了部分说教功能的角色是略有担心的，怕观众会因为排斥说教而不喜欢这个角色。然而，茑茑老师以极佳的表演状态把一个慈爱、宽容、传道解惑又不失幽默的高水平姥姥塑造得十分到位，给我们吃了一颗大大的定心丸。该剧播出后，姥姥这个角色广受好评，成为一个家庭教育集大成者的经典形象，很多年轻观众纷纷表示：好想有这样一个通情达理的好姥姥！而作为编剧，我们想说的是：茑茑老师，既然您这么棒，如果再有机会合作，我们一定会对您更“狠”的！

艺术人生

——写给苒苒传记的话

刘诗兵／表57班

精武、苒苒在近期要出版个人传记，这也勾起我对人生往事的回忆。我自1957年考进北京电影学院表演系学习后，和他们在一起相处了几十年，一起学习，毕业后一起教学，一起经历“文革”，一起下放，一起在“文革”后为电影学院的重建做努力，一起进行着艺术实践，直到一起前后（离）退休。往事并不如烟，甚至是历历在目。

我入学后不久，就知道苒苒是表演56班的班长，精武是学院学生会的文体部部长。他们可说都是学生中的风云人物，但性格各异：苒苒显得沉稳，平时不亢不卑、不苟言笑，精武则很活跃，谈笑风生，精力充沛，往往在人群中，你第一眼就会看到精武，并能和你“见面熟”。

和苒苒的最初接触是在1963年、1964年，我们几次带学生到部队锻炼和文艺辅导，我俩带着一个十几人的小分队学生去河北固城下连当兵，同时组织了演出，节目有她的《母子会》和我的《巧送钱》等。

苒苒与精武在1961年结婚，他们有时自己起火做饭，我们几个只能在食堂吃饭的年轻人有机会就到他们家“蹭饭”改善伙食。他们俩做饭的手艺都很好，苒苒的厨艺更是高超，八十年代日本演员高仓健来表演系访问，法国演员贝尔纳黛特·拉芳来讲座，都品尝过她的手艺，赞不绝口。

“文革”初期，我和苒苒曾是系筹委会成员，有一次看见有人在大会上当众把黎莉莉老师剃了个“阴阳头”，我怕莉莉老师难以承受这种打击而出意外，就悄悄和苒苒商量，我们说去找莉莉老师“谈话”，其实是看望和安慰她，当时的气氛，敢去看这个三十年代“黑线人物”那就是划不清界限，在当时是需要胆量的，我们去了。

1972年我们在部队下放时，才有了演出实践的机会，我和苒苒演出了《一块银元》，还演出了苒苒编写的独幕剧《广阔的天地》。之后精武、苒苒和我都参加了由王迪、汪岁寒编剧，谢飞、赵明、张客导演的多幕剧《新的篇章》，演了几十场，受到了欢迎。导演陈颙很中肯地说，电影学院演出的话剧有自己的风格。

1973年年底，恢复了教学，电影学院导表系合并到中央戏剧学院，我与苒苒都是表演系核心组成员，并参加了74班教学组的教学。她给学生排《新来的保管员》，后又自编自导了独幕剧《岗位》。那几年我们这代人事业刚刚起步，而家庭生活也是最困难时期，苒苒的儿子太小没人看护，她和精武是双职工，如何兼顾事业和家庭难坏了她。记得在深秋，有一次天色太晚，苒苒居然无奈地带着4岁多的儿子在学院办公室打地铺宿了一夜。也正是在这个阶段，她坚持上课，并给学生排出了多幕话剧《山村新人》等。

1976年金秋，我们共同排演了话剧《最后一幕》，向社会宣布电影学院的复活，对北京和外地话剧团的影响都很大，得到了社会观众与同行的认可。必须肯定地说，精武、苒苒我们这一批六十年代毕业留校任教的青年教师，在成为教学的中坚力量的同时，在戏剧舞台上的探索也取得了可喜成果。

1980年年初，苒苒写的多幕剧《我，你，他……》（演出时改名《这不是戏》）经过紧张的排练也推上了舞台。苒苒、精武主演，我也参加了演出。当时我和精武都在同时给师资班上课，我们坚持用课余、晚上的时间参与排练，并利用寒假组织演出。这出话剧是写一代中年人在经历“文革”后，怎样追求自己的新生活的励志剧目，剧中有对爱国华侨的描写，彩排时国家部委华侨主任及领导百余人前来观看，并给予了充分肯定，这是一部积极的接地气的剧目，既是主旋律又有浓郁的人情味。演出期间戏剧电影界的荒煤、凤子、李超、林杉、阮若姗、袁文殊等都来观看，给予充分肯定。北京电视台进行了全剧实况演出的录播，《剧本》月刊很快刊登出剧本，广州等地也演出了此剧。遗憾的是，学校开学后，精武和我都有新的教学任务，此剧仅仅演出了18场就结束了。

八十年代后，与苒苒、精武在教学与创作实践上的合作更为频繁。先是与精武联合导演了由苒苒编剧的电影《端盘子的姑娘》，又合作导演了由苒苒编剧、精武与苒苒联合主演的《我，你，他……》。

1985年，当系里决定由我来主持表演85专修班教学时，我心里不免有些踌躇，但苒苒、精武是全力热情地支持。苒苒全程参加了两年的教学，并完成了多幕剧《夏日烟云》的教学执导，精武则与我联合导演了《赵氏孤儿》，圆满完成了教学任务。

在表演系的数十年中，苒苒逐渐成为专业教学的主力、骨干教师。从1962年参加教学工作后，一直没有间断。“文革”后，又参加和主持了78班、82班、85班、89班的教学，并为导演系多班进行了表演教学指导，教学效果好。她除教学外，在编剧、评论、表演方面也样样能行。除了为78班按照学生的特点写了《端盘子的姑娘》外，还为89班写了多幕话剧《青春不会等待》，随后又改编成电视连续剧。自己的表演实践至今也没有停止。在纪念中国电影诞生百年的时候，苒苒、精武、我和建栋，曾共同写下专著《电影表演艺术概论》，中国电影出版社曾连续再版多次，并获得广电总局的学科奖励。

年龄不饶人，二十世纪末，我们先后（离）退休了。精武、苒苒夫妇搬进了离市区较远的宽敞新居，我们距离远了，不能像六七十年代住筒子楼时那样随便地串门聊天，但我们仍是（离）退而不休，各自忙碌着为影视教育事业添砖加瓦。

“最美不过夕阳红”，我们一起经历了人生的大半时间，回首往昔，人生不算辉煌，但也不算平庸。我们生活在这个时代，在我们的工作岗位上，做了我们应该做的事，尽了我们应尽的社会责任。人生没有假如，如果有假如，我相信我们会生活工作得更好！

祝贺苒苒、精武的传记出版！并祝苒苒、精武艺术生命常青！

我心目中的苒苒老师

李文波／中戏表74班

一直建议苒苒老师能出本书，内容囊括苒苒老师独特的银幕人物形象塑造手段与技巧、别具一格的表演教学风格与规范，和苒苒老师为人师表、教书育人的行事风格与执教风范，以便让影视表演专业的学生及表演艺术爱好者们,能从中领略苒苒老师表演艺术与实践的理念与精髓，从而能分享苒苒老师半个世纪以来，在其专业领域辛勤耕耘所获得的丰硕成果。

1974年苒苒老师作为主考官，将我招进中央戏剧学院表演系，从那刻起，直到我顺利完成学业并赴美读研，以及今天，我能成为美国演员工会会员，并享有美国奥斯卡金像奖投票权，无一不得益于苒苒老师的影响与指导，其间也包括来自于苒苒老师的先生、也是我在北京电影学院表演系师资班进修期间的恩师马精武老师的巨大帮助。可以说，苒苒老师超然的亲和力、孜孜不倦的学术探索精神，及对学生们的无比呵护与关爱，在我人生旅途和事业发展进程中，一直伴随着我，使我在艺术上、人生观上，以及个人生活行为与道德规范上，都受益匪浅。

在这里，我想特别谈一下苒苒老师在表演创作与教学上，一向秉承和不时着重强调的表演艺术核心元素：表演一定要“走心”，演员一定要在所处表演环境中“真实”地“生活”。

当然，作为学生，没有理由不听从老师的正确教诲，可真正要做到表演时时“走心”，或永远跟真的一样，在拍摄场景中，特别是在假定的、甚至虚拟的拍摄环境中“真实”地“生活”，可不是说说那么简单的。

不过，在我留学美国期间，当我生平头一次参加一部好莱坞电影的拍摄时，我却惊异地发现，好莱坞导演对我的表演要求竟和苒苒老师当年对我们的表演要求如出一辙：在眼前的拍摄场景里，“真实”地“生活”！更有甚者，那位好莱坞导演还这样要求美术和道具部门：拍摄场景内，所有道具及物件必须全是真的！于是乎，那位个头矮矮的、谢了顶的道具师，不辞劳苦地根据剧本提示，居然不知从哪儿搜刮来一大叠真正的、于1945年从欧洲战场寄达美国的陈旧信封及信件。不夸张地说，也就在那一刻，苒苒老师所说的“走心”，和在表演环境中“真实”地“生活”那句贴切的表演提示，不由自主地在我耳边响起，并于瞬间在我脑中得到了自我升华：却原来，中国演员和好莱坞演员在表演艺术创作上的最大不同点是：我们的演员往往追求“生活化”的“表演”，而好莱坞演员的表演理论核心，则正如苒苒老师所一贯倡导的：“真实”地“生活”！

大约在二年前，我带着学习与欣赏、并敬慕之感，观看了苒苒老师主演的热播电视连续剧《我的青春谁做主》，苒苒老师所扮演的郎心平教授，比及荧屏上也曾闪现过的其他同类人物形象，让我感觉到一股扑面而来的清新气息，那是一种有别于传统表演方式的全新表演模式，苒苒老师表演过程中所通贯全剧的真实、自然、生活化，以及深入到内心的表演感觉，完全是她本人多年来，教学与实践核心宗旨的全方位完美再现，我忍不住当即发表了一篇博文。可以说，欣赏苒苒老师的表演，如同置身于亲切、自然的氛围之中，全身心体验一种超然享受，并伴随着非同以往、回味无穷的审美愉悦。

现如今，已是“桃李满天下”，且已过“耄耋之年”的苒苒老师，还能以“夕阳红”的态势，打拼在影视拍摄现场且勤于笔耕，并不遗余力、不失时机地与影视行业的同仁们和学生们，分享与交流表演艺术及影视专业最新感悟，以期能为七彩的屏幕再添几道光艳的色彩，不得不说，苒苒老师既是真正的表演艺术家、教育家，更是我们这些弟子们，可引为自豪的良师益友及事业楷模！

假如可将艺术家比作一棵大树，而将艺术成果喻为满挂于枝头的累累硕果的话，那让我在此，恭祝苒苒老师这棵艺术长青之树：青春永驻，香飘四季！

我的老师 李苒苒、马精武

崔新琴 / 表78师资班

认识马精武老师是在长影拍戏的时候。我们当时都是外请演员在长影拍戏，没有想到我1978年居然能够成为北京电影学院表演系的学生，更幸运的是成为了马精武老师的学生。更没有想到的是，几年以后我留在学校做了老师，和马精武，李苒苒老师从师生变成了同事。

跟李苒苒老师接触是在1985年的时候，苒苒老师是85干修班的表演教员，我做了她的助教并兼任班主任工作，后来89本科表演班苒苒老师是主任教员，我又做了苒苒老师的助教和班主任的工作，在她的身上我学到了很多教学上的经验。

这么多年，从学生成为两位老师的同事，是一件幸事！

马精武老师和苒苒老师无论在他们的创作还是教学上都是很有成就的教授，才华横溢。马老师，演了很多的戏，苒苒老师不但演戏，还自己做编剧，导演。当时辽宁科影拍的电影《我，你，他……》，苒苒老师就是编剧兼女主角，马老师是导演，我在片中饰演苒苒老师的妹妹。马老师、苒苒老师现在也还在演戏。

两位老师在艺术上是才华横溢，造诣颇深，但在生活中却平易近人，非常随和。我记得我们上学的时候最高兴的事情就是到马老师家去吃饭。苒苒老师总是做很多好吃的，吃饭前、饭后回去都能兴奋好几天。尤其是苒苒老师，她是一个创作、教学、生活都顶尖的人，可以说是“出得厅堂，下得厨房”。当我在生活上遇见一些问题的时候，总会给她打电话，问她，咨询她。比如怎么做饭啊，怎么做菜啊……不是学生想象中的好像所谓教授就是不食人间烟火的人。

马老师、苒苒老师，为了教学，为了表演事业是相当的敬业。我记得那会儿我刚刚留校，一天下班的傍晚看到他们的儿子，在大门口传达室外面，趴在地上写作业呢，那年他刚10岁。

我问：“马川，这么晚了，你怎么不回家写作业？”

马川：“我不回家，我回不了家，我爸妈都不在家。”

我说：“那你是不是还没吃饭呢？”

马川：“我没吃饭呢！”

我说：“那这样吧，你到我家去吧，到我家先吃点东西，再写作业，等着他们回来。”

马川：“我不去！我今天就坐这里饿着，我就饿死给他们看，看他们能不能想起来家里还有一个人呢！”

当时因为我们自己也年轻，没有孩子，不能理解当父母的心情。但是过了几十年了，马川这句话还在我的脑子里面出现。当然他当时还很幼稚很单纯，他不能理解作为父母亲为什么不关心自己的孩子。如今我也有了家，有了孩子，才觉得，马老师和苒苒老师为了教学，为了表演事业，真的是克服了很多超出常人想象的一些困难。

我还记得当时苒苒老师说马川生下来不久，马老师和她就要去下放部队锻炼，他们能和孩子团聚时，孩子已经两岁了。从部队回京后，又只能把马川送到幼儿园整托，一周才能接回来一天，马川开始总是不肯进幼儿园，要求在外面和妈妈走一圈再走一圈，还是不肯进去。直到最后，马川被阿姨抱走了，听不见马川的哭声了，苒苒老师才依依不舍地离开。今天马老师和苒苒老师取得这样的成就，他们背后付出的辛酸，又有多少人知道呢?

在教学上，两位老师非常有前瞻性。考虑到北京电影学院在镜头前的教学这一阶段比较薄弱，就在1983、1984年左右的时候，苒苒老师自己写剧本《烛花集》，用课余的时间带着同学们，把这些小品，分镜头一个一个地拍出来，拍成成品由中央电视台播出，并获了奖。现在看来当时他们的这种教学理念确实是很有价值的。

我们师资班毕业的大戏，是马精武老师导演的一部话剧《哦！大森林……》，我饰演了女主角刘紫瑛，感谢马老师对我的信任和帮助。对演员的表演，舞台舞美，时空的切换……马老师都采取了很新的导演思维。这部戏的演出非常的轰动，受到许多的好评，并获了奖。

马老师培养了许多的明星。他还多才多艺，琴、书、画样样精通。

苒苒老师无论是教书育人、写作、演戏，还是持家过日子都是我的导师！

祝两位老师健康长寿、越来越年轻！

师恩难忘

陈浥／表78班

苒苒老师教过我们表78班，上过片段课，她的教学方式是独特的。尤其不能不提到的是她与我们班的学生共同出演了一部多幕剧——《雷雨》，她演繁漪。那是1980年的春天，我们班扮演繁漪的演员临时调出拍戏，苒苒老师便来到了我们班，由她来扮演繁漪。坦率地说，当她走进教室的那一刻，我们多少有些紧张，跟老师一起演戏，那会是一种什么样的感觉呢？她坐下来，和我们一起聆听张昕老师对剧本的分析，她和我们一起对词一起排练。她要诠释自己的角色，又要照顾好我们每一个学生的创作。应该说学生们跟她一起排练，开始时确实很紧张，头几天经常听苒苒老师说“你为什么不看我的眼睛”。每次排练前她和我们一起坐在排练厅里聊天、聊人物，排练结束后她和我们一起去食堂吃饭，其实那个时候同学们心里特别清楚，苒苒老师是在用一切办法消除我们的心理障碍。在每场演出结束之后，总能看见苒苒老师一个人坐在后台，默默地坐很久。我们知道她很累，她不但要演好自己的角色，同时还要拉动和控制整个舞台的演出节奏。

在此期间有她欢快的时候，记得很清楚的是有一次演出，一幕结束当她走回后台的时候，她忍不住说了一句“今天骂得真痛快”。我问她怎么了，她说：“今天骂周朴园骂得真痛快！”她的那一瞬间的感受给我留下了深刻的印象，她的喜悦来自于对艺术创作的享受，我感觉到此时她真正地走进了角色的内心世界，真正地体会到角色的精神生活，正是因为这样，她得到了常人不可能享受到的创作的喜悦，这是我们教导学生创作的最高境界。苒苒老师说过，演来演去就是在演角色的灵魂。多幕剧的演出很快结束了，苒苒老师离开了我们班，而她和我们在一起创作的日日夜夜，独到的“言传身教”的教学形式，让我们这些与她同台的学生们受益终身。

苒苒老师是可亲的，学生的温饱、冷暖都在她的心里。我相信，在我们这一代甚至我们下一代的学生当中，没有吃过她做的饭的人绝对是少数。时至今日，我们跟苒苒老师谈起她做的饭的时候，她总是淡淡地说一句“想吃就到家里来吧”。

苒苒老师是可爱的，她的爱体现在她爱全系的每一个学生。在1982年毕业分配期间，我的分配并不顺利，但我却无能为力，我的心里很苦闷，也很纷乱。当时正值马老师和苒苒老师在筹拍他们的电影《我，你，他……》，我找到苒苒老师问她能不能在这个戏里演一个角色，苒苒老师微笑地看了我几秒钟，说了一句“行，你来吧！”这句话对于当时的我来说是极大的慰藉，我不但参加了拍摄，还担任了重要角色。我忘不了苒苒老师看着我那几秒钟的目光，对于我来讲，像是一个寒冬里前途不知去向的人看到了一盏温暖的灯光。

苒苒老师是可敬的。对她的敬仰来自于她做人的真诚与做事的“霸气”。苒苒老师的爱与憎从来都是鲜明的，她不会违心地赞赏某一个人或某一部作品，如果你在她面前夸赞某一个人或某一个作品的时候，她一定会问你“好在哪？”现在想来，这个“好在哪”实际是在告诫你一不要人云亦云，二要清楚地知道自己应该向人家学习什么，自己补充什么。苒苒老师的霸气来自于她的信仰、自尊和敏锐。记得一次我率团去俄罗斯参访莫斯科国立电影学院，在双方座谈的过程中，几轮过后，苒苒老师轻声在我身边说了一句“陈浥，可以了，我们该走了。”此时离原定座谈结束还有一段时间，但我清楚地知道老师说的不会有错，听老师的。我便主动结束了座谈，前往下一个参访项目。走出会议室，我问苒苒老师怎么了，苒苒老师跟我说：“他们没有把我们双方的关系摆对，你没注意到么，他们始终在问，你们还想知道什么。”我一下明白了，他们把我们当学生了。莫斯科国立电影学院与我们学校在友谊与学术交流方面有着很长的历史，但随着国家的发展与建设，尤其是近几年我国的飞速发展，我们的学校已随着国家的发展步入了世界优秀电影学院的行列。在此时，对方仍旧摆着一个“老大”的架势，确实让人难以接受。每每回想此事，我都由衷的佩服苒苒老师的这种敏锐的“霸气”。

写到此，我一直在反思一个问题，我们的老师到底教给了我什么，只是简单的艺术创作的规律么？我想不是，实际上老师是在教给我们建立一种情怀，一个艺术创作的情怀。这情怀是对艺术创作的执着追求和对生活真挚的情感。这情怀从老师的身上传到了我们身上，我们身为人师之后，又将这精神传给了我们的学生。这也许就是表演系六十年来艺术精神的传承吧。这种传承可以让你在今后奋斗的风浪中，不至于成为一个政治的市侩，不至于成为一个摆弄文化的既得利益者。我深深地感谢老师给了我这样一种精神，让我知道应该怎么去做事怎么去做人，我应该教出一批怎样的学生。感谢我的老师赋予我了那么多，让我终身受用。

最后祝马精武老师和李苒苒老师身体健康，生活愉快！

苒苒老师

曹蓬 / 表78班

当你看到“苒苒”这两个字时就会想到她的样子，她总是那么柔和、细致、思路清晰，但表情丰富极富感染力。

跟苒苒老师有过一次难忘的合作，1981年在大连拍摄《笑比哭好》，苒苒老师在其中演一名医生。本应是挺轻松的活儿，可是剧本出了一些问题，马精武、钱学格、张寿光三位导演希望这部喜剧更生活，更自然，更戏剧化，于是苒苒老师开动了她那缜密的大脑，边改边拍，现场需要她她就会出现，拍完她的戏回到房间继续改本子，同时还要照顾我们，管我们几个人的晚饭。当我们拖着疲惫的身体回到驻地时，你绝对想不到我们看到了什么，在地板上堆着诱人的赤贝、海螺、螃蟹、海虹、虾爬子等等海物，还有一瓶葡萄酒（这是经常的哦），还累吗？不累！甩开了吃！在吃饭的时候她会很细致地跟你探讨你今天拍戏的感受，吃完了我们休息准备明天的戏，苒苒老师开始收拾，收拾完了接着改剧本。那时只感到有这样爱你，关心你的老师很幸福，现在想想，那三个多月把苒苒老师给累坏了，拍戏，改剧本，做饭，做饭，改剧本，拍戏……想想真的心疼。

跟苒苒老师的第二次合作是十几年后的1995年，电视连续剧《红绒花》。马精武老师艺术指导、苒苒老师执导，在这个戏的拍摄过程中，苒苒老师一如既往的柔和，细致，亲切，思路清晰，事无巨细照顾剧组里的每一个人。

苒苒老师现在已经离休多年了，本该在家享受幸福的晚年生活，可她闲不下来，除了写作、拍戏，家里常常会有她的学生不请自来，偏偏要来吃一口苒苒老师做的饭菜，坐在一起聊聊艺术拉拉家常，苒苒老师就是大家的亲人，每一个她教过的学生或是合作过的演员导演都把她的家当成温暖的港湾，几乎所有同学都记得苒苒老师做的饭菜，手抓饭、饺子、回锅肉……在不自觉地赞美苒苒老师的厨艺的同时，我们更记住了苒苒老师是编剧，是导演，是演员，是母亲，是奶奶，是老师，更是我们的亲人、朋友和家长。

我和我的萬萬老师

赵宝刚 / 表81班

我和萬萬老师是师生也是朋友，跟她已经认识了三十多年了。1981年北京电影学院第一期业余班招生，我报名参加了，在考试时并没有见到萬萬老师，等全部考完了，分班的时候，才知道萬萬老师是我们业余甲班的带班老师。

对萬萬老师的第一印象，就是严肃、严厉，以至于刚开始上课时我会对她有点恐惧。开始做小品片段时，我一直都不上去，只是旁观，琢磨着别人表演上存在什么问题，却没勇气自己去做。一是因为我26岁了，在班里算比较年长的，好面子。二是因为萬萬老师的严厉让我有点胆怯。终于有一次，萬萬老师说："赵宝刚，你怎么总不上啊？今天你必须上！"我才被逼着迈开了第一步，做了表演练习。她看了后说："这不是很好么，构思、表演都不错，表演就得多做多练才行啊。"这让我有了信心。苒苒老师一直是以鼓励和表扬为主来激励我们往下学。

有的老师上课学生不愿意听，有的老师上课学生愿意听但并不真心佩服。而苒苒老师上课，总是不急不躁，歪着脑袋慢慢启发，柔软中带着威严，这让我们既能接受她的教导，把她的话听进心里去，同时又很敬佩她。我们业余班只学了四个月，四个月后，苒苒老师在我心里从一个严厉的老师变成了一个有魅力的、有亲和力的老师。这种人格魅力会让人很容易对她产生依赖感和信赖感。人在某时某刻是需要跟长辈倾诉的，从毕业到现在，有些不跟母亲说的话我都愿意跟苒苒老师说。

我们那代人对老师都很尊敬，也希望老师能在社会上给我们找一些机会。我上的第一部戏，就是在中央电视台播出的由郭法曾导演的《聊斋故事——葛巾》，苒苒老师推荐我饰演男主角。此后我就开始陆续有了一些表演机会，直到后面在《四世同堂》中饰演祁瑞丰。一个人的第一次很重要，因为有了一个男主角的经验，我也有了信心。苒苒老师对我是有恩的，有恩就要报。这么多年我一直没有间断和苒苒老师、马老师的合作。1993年拍《皇城根儿》我请马老师来演张道士。1995年时，我请马老师、苒苒老师和马川一起导演、主演、制作了一部二十集电视剧《红绒花》。后来又偶尔邀苒苒老师到我组里玩一下，客串个角色。《我的青春谁做主》我则正式邀请她演三个女孩儿的姥姥郎心平，那是一个法学界泰斗，冷静、睿智、幽默、语言哲理和逻辑性强，苒苒老师演得特别精准，角色出来也很经典，年轻人都挺喜欢。苒苒老师离休后，2001年想办个表演班，找到我，我们就又合作了两年，办了两年表演班，我全程免费，因为觉得一个老师给学生提供学习表演的机会是很有意义的事情，所以我一直都支持她。

在我与苒苒老师认识的这三十多年里，对我来说很重要的一点，就是苒苒老师给了我一种情感交流。早年时苒苒老师总让我到家里吃饭，她做的羊肉锅贴、羊肉饺子，都特别香。1984年她和马老师去新疆拍片，马川才上初中，一个人在家没人管，我说那你们要放心就交给我呗，他们说行啊。马川就在我家待了近一个月，每天放学骑自行车到我家，看我们下围棋，听我们弹吉他，到饭点我俩就躲在犄角旮旯吃面，优哉游哉的。我拍《奋斗》时，要找一个知识分子的家，怎么找也不合适，想象中知识分子的家就该是苒苒老师家那个样子，于是就去借他们家房子，老两口还不在北京，我把马川一家三口弄到宾馆去住，把家腾出来给我拍了两天，折腾得够呛。

苒苒老师给我的这种师生情感交流很直接，很单纯，很正直，一直都建立在非常温暖的氛围上，让我很迷恋，这对我之后做人处事都有很大的影响。后来我在跟别人交往时也常比较迷恋建立这样一种关系，这种关系让我觉得很单纯，很美好，没那么多烦恼，我认为这在生活及工作中都很重要。

我一生中接触了很多老师，但一直保持着深厚感情的就是苒苒老师。苒苒老师对我的事业一直关注，我对她也很关注，如果有机会我愿意跟她再合作，因为我们彼此信任。

希望我的老师可以一直保持好的心态和健康的身体，继续她爱的艺术创作，让更多的人感受到老师的人格魅力和艺术造诣。

苒苒老师，祝福您！

我的启蒙恩师

张光北 / 表81班

俗话说得好，“一日为师终身为父”。我觉得马精武老师和苒苒老师就是这样如父如母般的老师。为什么这么说？因为如果没有老师昔日对我的启蒙和培养，也就没有我今天在影视事业上的成绩。这是肯定的。

我从小喜欢文艺，梦想是成为一名歌唱家。1981年我从部队转业之后一心报考艺术院校，那时艺术院校不是年年招生，招生人数也非常少。突然听说北京电影学院要招录一个业余表演培训班，也就是本科的预备班，我花了五毛钱报名费报考了，通过考试我被分配在由苒苒老师主教的这个班，即北京电影学院表81业余班甲班，我还成了这个班的班长。

能够考入这个班，是我们这些人的幸运。老师就是伯乐，我们来自各个行业，年龄也参差不齐，只具备一腔热血，完全没有表演概念和经验，但因为有了苒苒老师的正确引导和评估，这个为期只有短短四个月的业余班，学生的成活率却比后来的本科班还高。我说的成活率是指这一班学生至今仍在从事影视行业并且在业界中较为出色和成功的人数。我们甲班现在依然活跃的除了我，还有赵宝刚、李成儒、郑天玮、李强、李勤勤、乙班的有朱琳、鲍大志等等，昔日我们都只是热切的文艺青年，经过这四个月，我们走上了专业影视工作者的道路，并且至今依然热爱着演员这个职业。

我和赵宝刚第一次上银幕，就是苒苒老师极力推荐的，在一个科教故事片《他得了肺结核》中我和赵宝刚饰演两个得了肺结核病的工人。在影片里我们也就出现了几秒钟的时间，我穿着病号服，在结核病医院里徘徊，画外音说："看没看见？这就是得了肺结核又不遵医嘱二进宫的病人。"我们一句台词都没有，可在回放样片的时候，苒苒老师非常认真地带我们在放映室里看回放，她指着片中的我说："张光北，你看看你这腿，走路一沓一沓，溜溜达达的，这形体是白练了？走路哪能这么走啊？"虽然只是演了一个出现几秒钟、没有一句台词的病号，但老师对我们的教诲，对艺术的严谨至今记忆犹新。

生活里，苒苒老师和马精武老师都把我们81班的学生当成自己的孩子。那时的电影学院条件很差，我们的教室设在当时小西天北京电影学院校址的几间小平房里。马老师和苒苒老师还有他们的孩子马川一家三口，就住在教师宿舍的一间很小的房间里。从我们考上这个班之后，马老师和苒苒老师的家就成了我们的家，我们可以随便出入、随时请教。苒苒老师和马老师除了睡觉这点必需的休息时间外，几乎把所有的时间和精力全部用在我们这个班的教学上。虽然我们只短短学习了四个月的时间，但我们所学到的甚至比现在四年大学里能学到的还丰富还珍贵。

结束了业余班的学习，到了1982年，我考上了中央戏剧学院，也是我们业余班里唯一一个考入本科班的学生。虽然我上了戏剧学院，但和老师的情感没有断，这么多年的学习和实践当中，没有离开过老师的关怀和指导。

所以我的体会是，人的一生中如果遇上了好的老师，可能会改变你的命运；人的一生中如果遇上了知心的老师，可能会给你很多动力。我遇见了苒苒老师，就会把她对我倾注的情感带到我塑造的人物中去，让作品去感染更多的人。这些都是人一生中最值得珍视的，我应该是个幸运儿。

现在马老师和苒苒老师已经进入耄耋之年。首先要感谢老师对我的培养，更加要感谢两位老师对中国影视界所作出的巨大贡献，因为众多的艺术家和优秀的演员都是二位老师精心培养出来的，没有二位老师的无私奉献和拳拳爱心，就没有我们今天的一切。我们作为学生，要用毕生的奋斗和努力，要用更多更好的作品来回报老师对我们的恩德。同时，我们这些已经处于中坚力量的影视工作者，也应该以老师为榜样，给影视新人以关怀、培养和提携，就如同老师昔日对我们一样。

最后祝愿二位老师身体健康、艺术青春永驻，天天高兴，天天幸福！

引领我进入斑斓世界的恩师
——苒苒老师、马精武老师

李强 / 表81班

每个人都会做梦，有的人白日做梦，也有的人梦想成真，但不管他做的是什么梦，都说明，这是一种追求。

我也有追求或者说是梦想，但是要想实现梦想，就必须从头做起，从求学开始。在追求梦想的初期，我很庆幸自己遇到了引领我的两位老师，也是我的恩师，他们就是北京电影学院表演系的著名教授，苒苒老师和马精武老师。

电影表演是什么？我不知道，我只知道，我是怀揣着对电影表演的兴趣和热爱，来到电影学院学习的。现在每次见到他们布满皱纹慈祥的脸庞时，我都不无感慨，因为他们也曾年轻过，有着青春韶华和年轻的身体，但他们却用这些和充满智慧的激情和热情，培养出一批又一批的有着和他们一样踏实作风和认真精神的表演人才。如果说，我今天能在影视表演上有一点点的成绩，这都离不开他们的教诲、点拨和启发。

苒苒老师是那种外冷内热，充满着无限责任感的老师。在她的嘴里永远都不会轻易表扬一个学生，即使你的表演还不错也很难听到她的赞扬。刚开始的时候，我们对苒苒老师不了解或者说还有些惧怕，但时间一长，逐渐理解了她的教学风格，才知道她的内心是非常温柔的，因为她把每一个学生都当成了自己的孩子，这让我们这些做学生的每一个人都受益匪浅。我记得苒苒老师给我们上表演课的时候，经常要求我们不要装（假装），要用内心去感受，能够感受多少就感受多少，要把这种真实的感受体现在表演上。而在她的眼里是绝不揉沙子的，点评每一个学生都直截了当，丝毫不留情面。但过后想想，她是用心、用真诚去教你如何表演，不管是现在或者曾经，凡是她教出来的学生，都会有一致的感受，那就是苒苒老师太严厉了，但每个学生又对她念念不忘，因为她对学生的爱是沉在心里面的，是发自肺腑的。

马老师上的大课是我们最喜欢的，因为他当时已经是非常著名的演员，同时又在学院授课，他上课时，把自己拍电影的感受和教学融为一体，用他独有的风趣幽默活灵活现地表现出来，让大家听得如醉如痴，往往是几个小时的时间飞一般地就过去了，但大家却都觉得还是没听够，现在想起来都记忆犹新。

马老师是个非常爱开玩笑的老师，到现在每次碰到，他都会说，哟，这不是著名演员李强老师嘛，快点给我们签个名吧！而且不管是在什么样的场合，弄得我真是有点无地自容。但马老师就是这样一位风趣的教授，一位著名的家喻户晓的表演艺术家。能够得到两位教授的指点和培养，我敢说，每一个学生都是三生有幸。

而今，苒苒老师、马老师虽已步入暮年，但我们仍然能时常从荧屏上看到他们熟悉的身影。我们这些学生们也永远不会忘记和他们在一起学习的快乐时光，因为没有他们，就不会有我们的今天。

祝福二位老师身体健康！幸福长寿！我爱你们！

她是严师
更是慈母

臧金生 / 表82班

苒苒老师是我的恩师。

1982年，北京电影学院表演系招生，系里认为招生的结果不够理想，于是，决定在天津增设一个考点。实话说，当年我到北京报考了中央戏剧学院表演系，我知道北京电影学院也在招生，但我没有去报考，因为觉得北京电影学院当年太牛、太难考啦！

既然电影学院到家门口来招生，反正我已经通过了中央戏剧学院的专业考试，心里有了点底，不妨去试试！你还别说歪打正着的纯天津考生最后只录取了我一个。就这样，我幸运地搭上了末班车，是苒苒老师把我带进了电影表演的艺术殿堂。

苒苒老师在专业课上是一个很严厉的老师，别看她说话慢条斯理，有时你甚至会感到有些讽刺挖苦，但你会对她那犀利的言语心悦诚服。她对事儿、对人从来就是直截了当。

刚刚入学时，由于自己在班里年龄最大，学习当众表演难免有更多的杂念。说句实在话，在学校学习期间就专业课而言我在班上算是比较笨的，由于我当过兵又是党员，在校期间我当了四年班长，至今同学们还亲切地称呼我老班长。后来电影学院学生会换届竞选我还被同学们选举为学院学生会主席。我酷爱运动，曾经获得过北京电影学院乒乓球男子单打冠军、百米亚军和铅球冠军，至今北京市高等艺术院校男子铅球的纪录还是由我保持的。社会活动多了自然或多或少的会影响一些学习。而我天性好强，自尊心也强，爱面子。苒苒老师为了使我在表演专业上能早点开窍费了不少心思。同学们不厌其烦地反复配合着我做着练习，苒苒老师一次又一次地指导示范，苒苒老师的教学方法自有她的一套，她会因材施教，根据不同学生的特点让你开窍，让你在不断的学习实践中触摸到艺术之门上的那把钥匙！她在课堂上常说的一句话就是“表演要是靠老师教是教不会的，最关键的要靠表演者自己去感受，要自己去悟！”

记得在一次表演课上苒苒老师当着全班同学说：“你们别小看你们班长，当时中央戏剧学院的主任教员金乃千的爱人还特意打电话给我说，天津的那个考生我们录取了，你们别要啦。我当时就回绝了。”这话的意思，似乎我还是个宝儿呢！我知道这是苒苒老师在使用激将法来鞭策我、鼓励我，让我在学习中增强自信心。可她讲这话时，说得我恨不得见到有个地缝就钻进去。

从那以后，我暗下决心，勤学苦练，虚心请教，把课堂上老师讲的每一点一滴都非常认真地做着笔记。我从心底感谢苒苒老师的这一激（击），我默默地努力着……

大学的时光过得很快，转眼就进入了我们毕业大戏的演排阶段。老师最后选中的大戏剧本是苏联现代讽刺大型话剧《“聋人”之家》（此剧由中央电视台录制成上下集室内剧，改名为《外交官之家》在中央电视台一套黄金时间播出，收到了很好的效果）。

剧中的男主角苏达科夫是一个62岁苏联资深外交官，也许是苒苒老师从我的发奋努力中看到了我还有可以挖掘的潜力，在宣布角色时苒苒老师让我饰演A组。这一决定有些出乎大家的预料，苒苒老师在课堂上也似乎调侃地说：“选来选去，竟然为臧金生选了个好剧本！”

在苒苒老师的精心安排、执导下，我全身心地投入到这一角色的艺术创作中：查资料、写人物小传，认真琢磨、反复排练，为了演好这一角色我还和饰演我儿子的李兆宇把头发都染成了金黄色……染发在那个年代可是个极其痛苦的事儿，烧得头皮最后直流黄水，疼痛难忍。

最后我们在许多剧场演出，售票公演获得了空前的成功！领导和老师、同学们对于我这个“笨”学生的表演和塑造的男主角苏达科夫这一人物形象给予了高度的评价和赞扬。

还有个小插曲和大家分享：我们大戏公演时苒苒老师和我们同台演出，饰演我的夫人，当时请李立三的夫人李莎（苏联人）女士来看我们的演出，她连连称赞我的表演，苒苒老师向她介绍我时说：“这是我的学生！”她连连摇头绝不相信我是个二十几岁的学生，以为大家在骗她。

当年的《中国日报》、电台、电视台等多家媒体争先报道了我们演出的盛况。我的毕业大戏的作品成绩苒苒老师给了我一个满分，5分！我笑了，苒苒老师更是高兴地笑啦！

我在专业课上的学习是最认真、最刻苦、最努力的，老师讲的重点，哪怕是有关表演的只言片语，我都会记得非常详细、非常清楚。

毕业之后，离开了母校和老师，我一直有一个心愿就是要把这珍贵的笔记整理成册，作为礼物送给我的恩师。直到九十年代初这一夙愿才得以实现。

苒苒老师拿到这份礼物后感慨地说，我自己都从来没有这样系统地总结梳理过自己的教学。她边看边说，有些自己曾经说过的话都忘了，太好了！太珍贵了！

苒苒老师在专业学习上要求我们是那么的严格，有时会让我们感到有些刻薄；但在生活中对她的每一位学生是那么的关心、关爱，在我们眼里看来反差是如此之大。在我们同学的心目中她就是一位慈祥的母亲。无论哪位同学生病或是遇到了困难、困惑，她都会主动地关心，关怀，问寒问暖。她还经常把我们叫到家里，为我们做最好吃的红烧肉！可以说我们全班的每一位同学都吃过苒苒老师做的各种美食，至今我们已经记不清到老师家吃过多少次饭。

可是三十多年过去了，敬爱的老师竟然没有吃过我们的一顿饭！单单只凭这一点，难道不会使我们每一位肃然起敬吗？！细细想来，在不经意间我们才会真正体会到苒苒老师人格魅力之伟大！世上竟然还会有像苒苒老师这样的严师慈母吗?!

作为苒苒老师的学生,我们亏欠老师的太多、太多。有一点可以让我们的恩师欣慰的就是，她煞费苦心精心教导的学生们都在努力、都还很争气、都在各自不同的岗位上做出了自己的成绩和贡献。虽然我们也都快年过半百，但在老师面前我们永远像孩子一样……

衷心地祝福我们的严师慈母苒苒老师永远幸福、快乐、健康！

把同样的祝福也送给教导过我们、辛勤培育我们的所有老师们！

留恋老师们为我们上课的美好时光……

留恋在学校里度过的美好学生时代……

您，最美

——致我的老师李苒苒

林芳兵 / 表82班

也许，
您并非如
火爆的明星
那般声名远扬，
但却像
磁石一样，
吸引着无数
求知若渴的目光；
也许，
您并非像
当红的歌手
那般一鸣八方，
但却像
和风细雨，
让知识的清泉
在稚嫩的心底叮咚欢唱；
也许，
您并非像

雕刻家
那般巧夺天工，
但却把
理想和信念，
镌刻在每一个
登攀者的心房；
也许，
您并非像
风流人物
那般千古流芳，
但却用，
坚实的足迹，
在生命的航程上，
留下了一棵棵
闪光的标桩！

您看那
绚丽的绽放
是源自您
汗水的浇灌；
您看那
茂盛的葱绿
是源自您
辛勤的护养；
您用智慧
激发了我们
青春的梦想；
您用双手
托起了我们
心灵的太阳！
有人说，
教书
犹如一场单恋，
你深爱的
那一群人
总会走向四面八方；
有人说，
育人
犹如一场苦恋，
你点燃的
片片篝火
却总是在别处闪光。
师恩
就是这样伟大，
细腻如丝
又深厚宽广；
容得下
苦痛艰辛，

受得了
起伏跌宕。
您比母亲
还要挂肚牵肠，
您比亲人
还要日思夜想，
孩子们，
你若不离不弃
我便点灯相依，
纵然相距遥远
也会终身守望！

亲爱的老师，
牡丹比不了
您的高贵端庄，
幽兰比不了
您的优雅清香。
相夫教子
您不愧
为人师表；
尊老爱幼
您彰显
人格力量！
虽然
鬓发增添了雪霜，
虽然
脸庞改变了模样，
但您
依然青春永驻，
并在我们身上
加倍地延长！
您谱写了
生命的奇迹，
您创造了
艺术的辉煌，
您点亮了
智慧的灯塔，
您拨开了
远行的雾障。
有您，
就会有
满园春色，
有您，
就会有
遍野花香……

感恩生活
感恩老师

娜仁花 / 表82班

优雅高贵的气质，秀美精致的衣着，深邃冷峻的双眸，让每一位考生心生敬畏，更让每一个考生从对这位主考官的敬畏中看到了对未来追求的希望与期待。

这就是1982年春季，在北京电影学院表演系的考场上我初见恩师李苒苒的印象。

那年，在恩师李苒苒的护佑下，我开始了电影学院表演系四年的学习。也是那一年开始，最初印象中威严的主考官变成了慈母般呵护着我们每一位学生的主任教员。苒苒老师以她至诚至善的人格魅力和精湛的专业能力把不谙世事的我们领上了艺术之路，让我们不但从她善良和得体的处事风格里找到了人生的目标，也让我们在她对电影表演的独到理解里找到了事业的坐标。1986年我从电影学院毕业时，我跟苒苒老师郑重承诺，一定不辜负恩师的期望，发奋努力，以优异的成绩回报老师。

2011年我在电影《额吉》中扮演女主角琪琪格玛，入围14届中国电影华表奖优秀女演员奖提名，我预感到诺言兑现的时刻到了，特意给苒苒老师打了电话，请她一定收看当晚颁奖晚会的电视直播。那天我如愿以偿荣获优秀女演员奖，在领奖台上，我终于有机会对老师说出了自己多年的心声：感谢我的恩师李苒苒，她让我懂得作为演员，一定要把自己的心灵奉献给角色，我始终坚守这个信念，而且永远不会放弃。今天这个荣誉也属于我的恩师李苒苒……

苒苒老师有深厚的文化底蕴和素养，对表演教学有自己独到的方法和经验，更为可贵的是她有编、导、演全方位的专长和实践经验，对教学充满激情和责任，对自己的学生倾注了所有的心血和爱。

虽然在北京电影学院表演系学习前，我已经涉足电影行业六年之久，在七八部电影中扮演了女主角，但仅是做到了本色表演，作为演员还没有掌握刻画不同人物形象的能力。苒苒老师根据学生的不同情况制订了教学方案，我平时性格内向文静，表演矜持放不开，苒苒老师在表演练习中就让我扮演泼辣外向，具有爆发力的角色：虎妞、阿岐婆、王熙凤、吉普赛女郎等，用各种手段帮助我挖掘拓展表演潜能。记得开始演虎妞片段时，老师要求我出场前先在幕后大喊“祥子，祥子”，通过这一声“祥子”把虎妞的性格特征展示出来，当时我都没有勇气开口，更没有胜任这个角色的信心，不知道老师费了多少苦心，带着我喊了多少天，直到一个活灵活现的虎妞操着地道的京腔大喊着“祥子”走出幕后。在演电影《望乡》里老年阿岐婆片段时，老师要求我用心演绎阿岐婆凄苦的一生，而不强调老人外部年迈的感觉，在最后的汇报演出和录像时，也要求在没有任何老人妆和服装的辅助下完成人物的塑造。通过这些表演练习，我的天性得以解放，表演潜能得到了发挥，为塑造不同的人物形象奠定了坚实的基础，培养了良好的艺术审美意识。在表演上追求以真实为基础的原则，用自己的心灵表达人物的情感世界，这是老师的真传，做演员要先做人后演戏，这是老师的教诲。

当年谢飞导演就是看了我的表演片段的汇报演出后，决定请我出演电影《湘女潇潇》里的潇潇，他说相信我的塑造能力。这部电影使我获得电影金鸡奖最佳女演员提名，成为我演艺生涯的一个里程碑。感谢苒苒老师，作为演员，我第一次有能力塑造人物了，也开始了向实力派演技努力的征程。

大学三年级时，苒苒老师把我们班话剧《外交官之家》女主角的重任交给了我，扮演善良而又坚强的俄罗斯记者，苒苒老师扮演我的母亲。在舞台上，和自己的恩师同台交流，恩师在每一个细节上言传身教，那一次，我找到了自信，找到了表演的真谛，找到我热爱表演的理由，更找到了恩师用她的苦心教诲所传达给我们的幸福。和恩师同台演戏是我一生中最美丽和刻骨铭心的记忆。

每每想起苒苒老师对自己学生的有情有义，她那副护犊子的劲儿，都会让我倍感温暖和自豪,从上学到现在只要去老师家，苒苒老师和先生马精武老师都要下厨亲手为我们烹制可口的美食。说到马精武老师，我跟马老师的缘分始于1980年的西双版纳，在电影《叛国者》里我们有缘扮演父女，那时的马老师已是演技精湛，经验丰富，多才多艺的知名艺术家了，也是备受尊敬的电影学院表演系的老师了，对我这个刚出道的小演员，马老师在拍摄中给予启发和帮助，在生活中也待我像自己的女儿一样关心照顾，让我很快找到人物的自信。马老师在创作上认真执着，充满激情，他的专业态度、敬业精神给我树立了榜样。马老师性格爽朗豪迈，在剧组有很高威望和亲和力，近半年的拍摄时间，剧组的同仁们都围绕在他的身边，他是剧组真正的老大，连导演也敬他三分，可在家面对贤妻良母的苒苒老师他就变得异常安静随和，典型的模范丈夫。夫妻二人互敬互爱、相濡以沫令人羡慕。虽然马老师不负责我们班的教学，但他一直为我们82班全力付出，在我们心里他也是我们班的老师。

这些年工作繁忙疏于联系，也难得去看望老师，深感歉疚，老师却说：不要总是惦记我，没联系，我也知道你心里有我。

这是典型的母亲对孩子说的话……

苒苒老师，我的恩师! 生命中遇到您是我一生的幸运，我会永远感恩!

拾零补记

——我印象中的马精武、李苒苒老师

宋春丽 / 表85干部进修班

马精武老师和李苒苒老师是电影界人人皆知让人羡慕的一对伉俪，是北京电影学院桃李满天下的优秀教师，是我们表85干部进修班（明星班）表演课的主要任课老师。

我们是同台演出的同仁，我们是一起撮饭的酒友，我们可以谈天说地，话古论今，我们可以推心置腹，无话不说。我们是师生，我们更是朋友……

知道马精武老师是通过他拍的电影《风从东方来》，一位年轻帅气的布尔什维克形象至今还在脑海里。见到马精武老师是在广州军区战士话剧团，当时他和我团张国民刚拍完电影《金光大道》，我那时还是一个新兵蛋子，对明星的崇拜让我们经常悄悄地躲在一旁偷偷地看着他们，听到他们在说笑，我们还会捂着嘴跟着不知所云地傻笑。认识马精武老师是在长春电影制片厂，那时我在拍我的第一部影片《苦难的心》，他好像在拍个叫《火娃》的儿童片，他和宋晓英在一起聊天，我搭讪过去。他真正成了我的老师是在1985年电影学院的明星班。也因为明星班同时认识了让人尊敬的苒苒老师。

两位老师虽是伉俪，但性格不同，教学风格不同，待人接物方式方法不同。马老师活泼热情，好说好动，哪里有他哪里就会成为中心，不论课上还是课下永远手舞足蹈热闹非凡。他的课生动形象，加之他自己连说带演，课堂上永远欢声笑语一片。私下里我们会说“这是一个不像老师的老师”。而苒苒老师温柔静雅，不言不语，文章写得漂亮，逻辑思维、形象思维都极佳。课上正襟危坐，课下邻家阿姨。她的课理论性强。不论是小品课还是片段课，她都会在最关键的地方给你最准确的提示。而有时马老师手舞足蹈地讲授、示范时，她会在一边面带微笑用欣赏的目光看着……

1987年下学期，我们开始准备毕业剧目。班里二十几人分开两半，两位伉俪一人带一半，排演了《赵氏孤儿》、《夏日烟云》一“土”一“洋”两部大戏。我在马老师的“土”戏这边。每天的排练，特别是下午，见大家昏昏欲睡，马老师总会有各种段子把大家的情绪调动起来，充满激情地进入到人物环境及状态里。而苒苒老师的“洋”戏那边，经常会看到刘信义、肖雄他们戴着礼帽、拖着长裙，俨然大洋彼岸来自20世纪的……半年后，两部大戏完成，而且居然还在中戏棉花胡同小礼堂演出了好几场……

两位老师十分好客，他们家里经常高朋满座，不论是老师还是学生，都可以海阔天空、不分大小地畅所欲言。我有幸被宋晓英拉着去过几次，至今想起那天的菜，口水还一个劲地往外窜……

毕业后大家各奔东西，分多聚少，一晃快三十年了。大家都老了。开始那些年是看马老师表演三十年代的女明星，唱“郎啊咱们俩是一条心”。后来是听马老师讲笑话，说“我的帽子，我的帽子。”再后来看到马老师戴上了助听器，但仍在各片场奔忙着……苒苒老师的文章还总能在微博或微信上读到，不论是评论时事，还是谈论艺术，评判表演，总是论点明确，论据清晰……

保重二位老师，保重二位朋友……

难忘的一课

钱雁秋 / 表87班

听说马老师和苒苒老师要出传记，便暗自下定决心，不管工作多忙，身在何地，都要凑上一篇文章，虽不能为新书添彩，总算是可以弥补这些年因为忙碌，而忘却了的，早就该对老师说的“谢谢！”除此之外，便是总在唇齿之间，却没有机会向他们表达的深情厚谊和美好祝福。

我是表演系87班的学生。马老师和苒苒老师从青年时便从事表演教学工作，而今已是业界耆老，大师元宿，可以称得上育人无数，桃李满园。在他们所带过的班级，教授的学生之中，有两个班最为与众不同，也倾注了他们最大的心血和热情，一是马老师任主任教员的表演系87班，一个是苒苒老师任主任教员的表演系89班。这两个班人才济济，目前，活跃在影视界的很多大腕明星，如：张嘉译、张子健、邢岷山、柳云龙、俞飞鸿、邵兵、姚橹、王茜等，都是出自这两个班，不仅如此，87班还出了两个导演，其中一个就是不成器的我——钱雁秋。说不成器是有点儿谦虚，毕业后拍了五六百集连续剧，也不乏脍炙人口的作品，比如《神探狄仁杰》系列，《狸猫换太子》、《英雄》、《猎鹰1949》、《飞虎神鹰》、《平原烽火》等。能有这些成绩，都应该对二老说声谢谢。

马老师和苒苒老师的性格迥异，教学方法也是截然相反，马老师讲究大开大阖，解放天性，从大轮廓、大气势入手，找到自信，找到自我。而苒苒老师的授课方式便不同了，她讲究的是人物间细致入微的交流，准确的判断，对规定情境融入式的适应，上苒苒老师的课，虽没有马老师的课那么热闹好玩儿，却如潺潺小溪，涓涓细流，轻轻淌过你的心灵，让你感到自然的细腻雅致。因此，很多人说，马老师适合教男生，而苒苒老师适合教女生。比其他同学幸运的是，表87、89两班同时沐浴了这二位高手不同教学方式的洗礼，令人受益匪浅。

我曾经有幸，上过苒苒老师的表演课，那是苒苒老师为我的同班同学陈刚和刘岷排练小品《兄弟情》，陈刚演哥哥，刘奕君则演残废的弟弟，小品中缺少一个报信儿的年轻人，我不知好歹，自告奋勇的接下了这个活儿，小品开始便是我上场，从窗外看到了坐在里面的刘奕君，并告诉他："我在公园看见你哥哥了，找了一个新女朋友，俩人正遛马路呢。"然后我走人，刘奕君作为残废的弟弟，想到不该连累自己哥哥，想要搬出去，故事就此开始。

就这么一个报信儿的龙套，我以为从窗外一走过就排完了，可万万也没想到，我刚一跑上场说了一句话，苒苒老师就喊停，我感到莫名其妙，无辜的眼睛望着苒苒老师。她问我："你是路过他们家窗前，偶尔看到了弟弟，还是特意来找他的？"当时我想，这二者有什么区别呢？但还是回答说："是路过，偶尔看到窗子里，他正坐在沙发上。"苒苒老师点点头道："好，那你再来一遍。"我站在原地发了一会儿愣，走到上场门儿，男主角陈刚正等着上场，他问我："秋儿，怎么了？"我说："不知道啊。莫名其妙问了我俩问题，就让我再来一遍。"说着，我原地跑了两圈，又冲上场去，来到窗边对里面的刘奕君道："唉，我在公园看见你哥了……""停！"苒苒老师的声音又响了起来，"你没明白我对你说的话。"我更糊涂了，结结巴巴地道："什么话呀？"她很平静，慢条斯理地说道："我再说一遍，你是路过呢，还是特意来找他的？"我说："是路过。""你肯定吗？" "我肯定。"苒苒老师点点头道："好，那你再来一遍。"我嘟嘟囔囔地来到上场门，攒足了力气冲上场来，奔到窗前，刚想说话。苒苒冲我摆了摆手，意思是"停"。我彻底傻了。苒苒老师道："刚才你告诉我，你明白了我的意思。"我有些不高兴地道："我是明白了呀，这，这又怎么了？不就是个龙套吗。"苒苒老师道："龙套怎么了？难道龙套的表演就应该不准确吗？记住，没有小角色，只有小演员。"我不说话了。苒苒老师继续道："你刚才说了，是偶尔路过这儿的，对吗？"我点了点头。"那么，为什么你从台下直奔着刘奕君就来了，作为观众，我看你的表演是特意来找他的，而不是偶尔路过。"

我终于明白了其间的差别，如果是偶尔路过窗前，表演时应该先跑过窗户，偶一瞥眼看到刘奕君坐在屋中，再走回来，和他说话，而我，则是直眉瞪眼从台下奔着他过来了，其实我认为这两种表演相差甚微，不懂的，或者比较粗疏的人根本看不出区别，我不过就是差了那么一点点。于是，我按照苒苒老师所说，又上了三遍台，终于找到了偶然看到的感觉，当自己的表演正确时，演戏也会觉得很舒服，很受用，就在我正沉醉于"得道"的喜悦中时，苒苒老师那不愠不火的"停"又在耳边响起，我心里一激灵。苒苒老师说："你来到窗边，对弟弟说的这番话，是无意的呢，还是有心的？"我说："当然是无意的。""好吧，那再来一遍。记住，你是无心说这番话的。"我赶忙道："是，我记住了。"说完后，我又到了上场门，等着上场的陈刚对我说："我瞧今天上午，我是上不了场了。"我晃了晃发懵的脑袋道："苒苒老师也太厉害了，就这么个龙套，弄了半天了。”陈刚拍着我的肩膀笑着说：“没有小角色，只有小演员。”我也笑了，整好情绪，又跑上场，将台词说了一遍。这一次，我觉得肯定没问题了，刚想下场，“停！”苒苒老师的声音又响了起来，我一屁股坐在地上，喘了几口气，然后爬起来道：“苒苒老师……”苒苒老师笑道：“还是那个问题，你是无意间对刘奕君说了那番话，还是成心想要伤害他。”我闻言吓了一跳，成心伤害？这都哪儿跟哪儿呀，怎么演个龙套，演着演着成坏人了！？我赶紧道：“我真的是无意。”苒苒老师正色道：“那你就要把戏演明白，你现在说话的态度，就像是成心找弟弟说这番话，有意伤害他。”啊？我有那么失败吗？我心里还不服气，忽然，我的对手刘奕君说话了：“秋，苒苒老师说得对，你越演，我越觉得你是成心的。”我登时傻了，那，那我该怎么演呢？苒苒老师不慌不忙地道：“既然是无意的，那你就应该随意一点，先说点儿别的，然后，是忽然想起来才说：‘哦，对了，我刚才在公园碰见你哥了，还有个女的’是很随意才对，你试试这么演会不会好点儿。”果然，我自己也舒服了，也再没有听到苒苒老师的“停”字，而演哥哥的陈刚，真的没上场。

现在，自己做了导演，在拍戏时经常会问演员：“你认识他吗？”“你们之前见过面吗？”“你说这句话的动机，是无意的，还是有心的……”涓滴小事，也许老师们已经不记得了，却令我受用终身。

如严母，又蒙雕琢始成才

张嘉译 / 表87班

在为马精武老师的传记撰文时我曾以“似慈父，长许追随无计日”为题,那么对于马精武老师的夫人，同时也是在北京电影学院表演艺术的教学岗位上辛勤耕耘了三十余年的李苒苒老师，则可谓“如严母，又蒙雕琢始成才”。

我走进学院时，马老师是我们北京电影学院表演系87级的主任教员，苒苒老师给我们上过小品课，之后她去莫斯科考察，回国后任表89级的主任教员。我们班教学思路的研讨、教学方案的制定、教学进度的把握，都是由马老师负责，同时马老师也会请一些有着多年教学经验的老师来为我们授课，苒苒老师是当时给我们授课较多的老师。包括我们去到老师家里请教问题，他们不仅为我们张罗做饭，同时还会和我们共同探讨表演上的各种问题。

与马老师粗犷、开放的教学方式截然不同的是，苒苒老师的教学风格更为细腻、严谨。上学时，苒苒老师所学的是严格的“斯坦尼斯拉夫斯基体系”。1988年，已经担任表演系教研室主任的她作为高级访问学者赴莫斯科电影大学进行教学考察，回校后更为建立自己的完整教学体系而努力，使学生掌握电影文化及理论知识，并通过舞台上和镜头前的表演实践，锻炼自己的表现力和驾驭不同角色的能力。授课过程中，她将每一个角色都分析得很透彻，甚至角色在某一情境下的一点儿小反应都会提醒到我们。说来也奇怪，苒苒老师从不发火，教授起来不紧不慢，娓娓道来的感觉，但是如果私下里问我们是怕马老师还是苒苒老师，我们所有人给出的答案却都是苒苒老师。我想这也许是因为她自身严谨治学的态度使我们感到一种威严，因而影响了我们，她在上课时一丝不苟的态度让我们的表演更为谨慎、细致，更为入心。

三十载教学事业的辛勤耕耘，让马老师、苒苒老师如今已是桃李满天下。恐怕他们自己都数不清带过多少学生，而其中很多学生早已成为现在的明星大腕。如今，两位老师依然关心着每一个学生的发展，我知道他们会观看我们的作品，关注我们的表演，苒苒老师在微博中曾多次对我不同剧集的表演给予过鞭策和鼓励。还记得2012年国剧盛典时，两位老师一起为我颁奖，让我颇为动容，同时也让我坚定地走在表演之路上，不敢懈怠。对于马老师和苒苒老师，他们于我的影响可以说是——道无形，却经风雨传千载，积如山重。

苒苒老师的酸菜粉

柳云龙 / 表89班

似水流年，从北京电影学院毕业二十一年了，光阴模糊了其间许多的人和事，但每每回想起校园，却发现始终有一个记忆挥之不去，竟是苒苒老师的酸菜粉。

我承认，此时此刻，我又馋了。

酸菜称菹酸菜，古称菹，始于《周礼》即有其名。北魏《齐民要术》，更是详细介绍了先祖们用白菜（古称菘）腌渍酸菜的各种方法。纵横炎黄大地，东北不消说，黄河两岸，汉、回、蒙、满，酸菜香飘千家，恩泽万户。在中国版图上，沿着长城，甚至可以画出一条“酸菜之路”。若再算上南方喜食酸菜的那些地域，这“酸菜之路”还将延伸扩展，愈益壮观。巍巍华夏，处处酸菜皆养人，养了古人养今人。以上资料是我在网上“度”来的，非闲来无事，实出于对它别有一份情感。

北京冬天冷，风的声音，有时尖得像狼叫。那个时候路上没有太多车，街上也没有太多人，值夜幕降临，人们想的恐怕就是有一个地方，热热乎乎地吃饭，暖暖乎乎地待着，如倦鸟归林。我们89班有十几个学生，南方人北方人皆有，基本上都是外地的。在京上过大学的人都有体会，离开家，离开父母，离开自己从小到大已经习惯了的生活环境，来到北京这个陌生之地，别的不说，仅吃的问题，就是一个问题，得适应这里的米面、这里的水、这里菜的烹调方式。更重要的是，即便皇城不乏美味佳肴，饭菜里缺了那种家的味道，也足以让人生出寂寞。何况大家当时都没什么钱，往往临近月末，就得勒紧自己的裤腰带，一旦断顿问其他同学借饭票，经济情况彼此彼此，有一也难以有二。校园岁月里的青涩，真是别有一种滋味，想家了，馋母亲做的饭了，女生还可以哭一哭，男生有泪也不能轻弹。

好在，森林里出现一间小木屋，灯亮了，窗外是风萧萧的雪原，屋里有热腾腾的酸菜粉。

那是怎样的一种酸菜粉呀！不用碗，而是要用盆来盛；不是一盆，而是好多盆；里面不只有酸菜和粉条，一半都是肥瘦相间的五花肉！冲啊，我们十几个同学，男生如饿狼扑食，女生也巾帼不让须眉。小木屋的女主人李苒苒，男主人马精武，他们是夫妻，同为北京电影学院表演系的老师，前者带我们89班，后者带87班。

盆见了底，这才进入了饱暖思艺术的阶段，谈古论今，上论国家大事，中谈世界和中国电影，下聊聊表演专业，作业准备好了没有，昨天谁谁做的小品不真实，坚持每天练晨功的还是人家邵兵。

当我们毕业了，步入家庭生活后，当家才知道柴米贵，才知道做饭的繁琐和收拾桌子的劳顿，回过头来替小木屋的主人算算账，不觉心中发紧。苒苒老师夫妻俩都是教师，一个月的工资才有多少钱？那个年代学院老师没有挣外快这一说，学生和学生家长，也没有给老师送礼的概念。但苒苒老师和马老师，硬是将一间森林里的小木屋，在寒冷的冬季，变成学生们在他乡的一个家。

毕业后留京的同学都有一个习惯，每回拍戏归来，都会去看苒苒老师，不去心里就空，嘴也馋，走遍万水千山，吃尽山珍海味，总是吃不出酸菜粉的香。于是，有着这个理由，朝着苒苒老师家的方向，出发！

苒苒老师的酸菜粉，打动的，不仅是学生的味蕾，最重要的是那份情。作为老师，不仅招收我们走进实现电影梦的殿堂，还对我们言传身教着做人要正直，演戏要有真情的人生哲理。

生活中的真情使我们在演戏中亦投放真情。这“情”字让我终生难以忘怀。

感恩苒苒老师。

苒苒老师

俞飞鸿 / 表89班

如果不是苒苒老师，很难想象我现在在从事何种职业？也许是像我的父母那样，搞科研？抑或是一个朝九晚五的“正经”工作？但肯定不是拍电影……因为那一年，如果苒苒老师没有录取我，我便不打算再考，而是依我父母的意愿，读一个“正经”的专业。很难说哪一种人生更好，但是人生的岔路口遇到了特别的人，她为我打开了一扇门，我就这样走了进去……从此人生偏离了我父母为我设定的轨道，不一样了…… 不一样的人生好不好，我不确定，但有一点我是肯定的，我现在从事的工作，我是热爱的。人生到了这个年龄才会感慨，为自己的兴趣而工作，是一件幸福的事。所以这个我人生第一个岔路口遇到的特别的人，我一生都感激的苒苒老师，我尊她为恩师。

我们常说，一日为师终身为父，而苒苒老师对我们表89的学生来说，也确实更像一位母亲。这不仅因为她的年纪跟我们的父母相仿，而且她自己的儿子马川也在我们班上，跟我们同龄。她既是我们的老师，也是我们同学的母亲。这就让我们这个班显得比较好玩儿了。我们去他们家的时候，既是去老师家也是去同学的家。再加上李苒苒、马精武夫妇在电影学院是出了名的好客，经常是十几甚至是二十几个学生挤在他们家那时候几十平方米的两居室里打牙祭。苒苒老师最拿手的菜是酸菜猪肉炖粉条，一来她是东北人，二来十几二十几口子人，做别的菜都不够吃的，索性炖一大锅酸菜粉条，管够也热闹。

那时候，苒苒老师的家就在学院后面的宿舍楼里，走路也就不到十分钟的路程。同学们除了聚会打牙祭，平时在学业上，工作上乃至个人感情上遇到了问题，也常会去她家商量和寻求意见，都是不请自来，直接去敲门的，他们也都来者不拒，视如己出，为孩子们排忧解难出谋划策。那时候她和马老师各自带着一个班，几十口子十几二十几岁的年轻人都把他们家当成了生活学习和情感的咨询站了，那几年，他们家是电影学院教工宿舍最门庭若市的家庭。

苒苒老师性情耿直，喜怒从不藏匿。生气的时候，声音高八度，一顿狠狠的训斥，就像一位母亲，恨铁不成钢。当你有了成绩，为你高兴时，满脸灿烂，哈哈哈的笑声爽朗而有穿透力。我们一年级的时候，苒苒老师对我们比较严厉些，因为那时候第一年是试读期，要到第二年才能转为正式学员。每一个学生如果在第一学年里有任何学业上的不达标或是操行上的不合格，学校是可以给予开除的。苒苒老师常拿这个吓唬我们，不许夜归，不许谈恋爱，每门学科不许有不及格……但其实，她特别护犊。记得有一回，班上两个年纪小的男生年少轻狂，周末喝醉了瞎胡闹，把电影学院大门口的牌子摘下来倒挂了上去。第二天学校领导一看，气疯了，要开除那两个同学，而那两个同学浑浑噩噩，完全不记得自己到底干了什么。苒苒老师知道后，亲自跑到教务处一通求情，最后念在他俩是初犯，学校只给了警告处分。当然，回来后，苒苒老师是必须给一通臭骂的。

苒苒老师的生日比上帝早一天，12月24日，每年的圣诞前夜，全班都会聚在一起给苒苒老师过生日，顺便庆祝圣诞。这个习惯一直延续至今。虽然大家都毕业很多年了，但这个习俗却一直没变，每年大家轮流坐庄，今年你请，明年我请，除了因拍戏在外地的，只要在北京，大家就都会来。

今年的圣诞也不远了，在这里提前祝苒苒老师生日快乐，健康长寿！到时候如在北京，一定给您去祝寿！

时光任“苒苒”

王茜 / 表89班

春节的时候，想念您，您是否穿着喜庆的服装在给小孩发压岁钱？

元宵节的时候，想念您，您是否吃上了热乎乎的汤圆？

情人节的时候，想念您，您是否收到了马老师火红的玫瑰？

母亲节的时候，想念您，多少人愿意有一个您这样的母亲！

儿童节的时候，想念您，因为我们是您最疼爱孩子！

教师节的时候，想念您，真想再跑到您的“课堂”偷偷听上一节课。

中秋节的时候，想念您，想着能与您一起做月饼、看月亮……

“苒苒其芳草，飘飘笑断蓬”是我对苒苒老师的第一印象，而这么多年的岁月流过，也再次印证了这句话。

拍摄《重案六组》第四部时，我们请来了苒苒老师来饰演乌教授，由于我和邢岷山都是她的学生，自然就又多了份期盼与亲近。苒苒老师的如期而至，让久别重逢的我们开心不已。虽然她的戏份不多，但她身上流露出的淡然和安稳，让我们再次领略到了她的认真与专注。她，又在这种不经意间给我们上了一课。

去年年底，《急诊室的故事》开拍，我再次邀请苒苒老师来演我的妈妈，剧中的角色是一位有点老年痴呆症的老人，最开始她对这个角色还有些疑义，觉得不一定合适她。我们极力劝说她来尝试一下。当她坐在化妆间开始试妆的那一刻，我看着镜子里她日益渐多的白发及眼角间的细纹，突然在心里有了莫名的伤感。随着时间的流逝，吃着她那双巧手炖的世界上最美味的酸菜白肉，品尝生活酸香滋味的我们，在她的教导及指引下逐渐变得成熟，懂事；而苒苒老师，却在用她的青春来指引着我们，给我们无限前进的力量。是啊，是我们偷去了她的青春，却换来了自己今天的成长。其实一直都是这样，只不过从未察觉。时间，你无情地在她的眼角刻上你的烙印，在发丝间留下了你走过的痕迹，纵使我们有多么的不舍。一时之间，心中隐痛，一时之间，却又无可奈何。时间，也同样是你，成就了她在我们心底最完美的记忆。戏中，她用她那亲切无比的笑容、略略泛驼的背影及温暖的臂弯完美地诠释了我的那位有些可爱有点糊涂却有十分热心的妈妈，令我深深地折服不已。只要看到她，我心里就踏实。

苒苒老师，曾经当我躁动的花蕾向往展示青春的笑靥，您以春雨的温柔、阳光的热烈催我争妍斗艳地怒放；曾经当我孤寂的心如一潭死水，您以渠道的豁达洞穿我的禁锢，我的心又开始欢腾雀跃，唱起激越之歌；曾经当我痛苦的泪滴滴进绝望的死谷，您架起理解的桥梁引我走向彼岸；曾经当欲念以诱惑与尘埃迷蒙我的心时，您以奔袭的惊雷轰然至给我惊醒。

“生命中一定要有所热爱。最完美的就是我们能够将自己热爱的事情作为职业，它是我们在所有人、事、物上付出时间与心力的充分理由；它是我们做出任何努力的发心所在；也是我们整个生命之流的导归之处。若没有它，我们将活得漫无目的、鸡零狗碎。”苒苒老师，您知不知道，一直以来您的这番话如同一股强大的光，要通过我，从而表达您。它来自最深沉，也来自最高极；它来自最古老，也来自最新奇；我一定要跟随，跟随您寻找它，寻找它最终要达到的目的地；跟随它在浩渺中的世界游历；我一定要允许，允许它流经我，允许它激起我内心里面的一些沉疴，一些浑浊；允许它重重地压向我，直到我不能再逃避，直到我全然地展开我自己，了达，通透，穿心如隙。一时间，您哪儿都不在，一时间，又全都是您。

现在的苒苒老师已达耄耋之年，岁月老去之后，我渐渐才发现曾经相识时，她五十多岁的人生是我二十岁时所不能设想的，就好像河边观望的人无法明白对岸一棵樱桃树的成熟一样。有人说时间是一把刻刀，但雕刻者是自己。把老师五十岁和八十岁照片放在一起，我依稀看得见她如何挥着刀削削砍砍，磨出一个复制不来的美丽女人。宽袍大袖，碎花布衣，任何简单或繁复的衣着都难不倒她。就好似她的眉毛，由平变挑，由短变长，现在又变得柔和平滑，仿佛一切是天生，其实千回百转。老师的语气中一直都有一份沉淀过的澄澈，看似波澜不惊，实则掩着走过岁月的惊心动魄。她的智慧来源于经历和思考，这样的女子如太极般拥有绵长到源源不绝的后劲，她的所有功力都从时间中汲取，走过的岁月越悠长，渗出的味道越醇香，她在岁月的历练下生成自己的味道，她自己的心意或是浅笑，或是皱眉和悲伤的权利，一切都是自然而然，自信而满足。

内观则自知，自知则自明，自明则不争讼。这是您给予我的最好的教导，也是我一直以来对自己的要求，其实世间的一切都如此。安之若素，如如不动。生活和表演，不是截然的两者，却也并不完全相同。我们把表演交给生活，营营汲汲却也真真切切，表演因生活而活生生；只是偶尔，我们也要把生活还给自己——清白、清朗、自在、喜悦，就像当初您把表演的生命交给我们时一样。立于幕前，念一段词，演一出戏，就是此生全部的行囊，就这样在蜿蜒的山路上前行，不须回头，直到听见辉映的第一声钟响。

如此，甚好。

神仙眷侣

——马精武老师、李苒苒老师

黄晓明／表96班

在我心里，马精武老师和李苒苒老师就是艺术圈的一对“神仙眷侣”，他们总是让我想起《神雕侠侣》里的杨过与小龙女，与世无争，但却都身怀绝技。

1996年我进入北京电影学院表演系，那个时候马老师和苒苒老师都已经从电影学院退休，但时常还能从崔老师（崔新琴）那里耳闻他们的“传说”，偶尔，他们也会回来看望学生们，我很幸运的听马老师讲过一堂课，虽然时间短暂，但一次就印象十分深刻。刚开始我还觉得马老师有点严肃，可他一开口就能让你放轻松，非常的幽默风趣，会各式各样的方言，总是能够让你一下子就豁然开朗。和他熟络了以后，我就常常跟他请教演戏的事情。他是北京电影学院表演系唯一一位开设过喜剧专场的老师，喜剧很难演，也很难把控，但马老师的喜剧天赋让他信手拈来，也让我们做学生的受益良多。

后来终于有机会和马老师合作，在冯小刚导演的《夜宴》里，我有幸与马老师饰演一对父子，这让我极其兴奋。虽然我和他仅有为数不多的几场戏，也让我过足了瘾，更令我深刻感受到他演技的精湛，这一次可谓是实战教学，让我受益终生。跟他对戏时，只要与他对视三秒，就能立刻被他带入戏境，对我而言，这才是真正有魅力的艺术家。

再说李苒苒老师，她和马老师一样才华横溢。演戏，那自然是专业本分内的事，教学之外，两位老师还有令人钦佩的才艺。马老师的书法一流，不仅文笔好，字也写得极为漂亮，除此之外会捏泥人。不论是动物还是人物，马老师都捏得惟妙惟肖。苒苒老师更是“出得厅堂、入得厨房”的典范。教学以外，苒苒老师还擅长写剧本，不论是电影还是电视剧，都已有作品进入观众的视野。她还喜欢做衣服，新买回来的衣服她总要自己小小改良一下，附上自己的小特色才会收入囊中。但苒苒老师最深得学生们心的地方，则是她的厨艺！对于我这样一个吃货来说，闲时去苒苒老师家蹭饭，那是再平常不过的事情，就算只是给她一棵大白菜，她也能做出色香味俱全的美食出来，这个真是一点都没夸张。

马老师和苒苒老师他们两人性格互补，可谓才华伉俪，算是难得一见的模范夫妻，“教书育人”是他们一生的写照，由此深受学生们的爱戴，且为人低调谦逊，对谁都和蔼可亲没有架子，生性就很喜欢亲近学生，经常请学生去家里玩，即便现在都已经当了爷爷奶奶，也还会抽时间去和各个年龄段的学生们聊天、解惑。不论毕业多久的学生们，都依旧还会和他们保持联系，这种亦师亦友的关系，让他们桃李满天下。

现如今，他们的小孙女嘟嘟也到了上高中的年纪。我也算是看着她长大的，每次看到这个活泼可爱的小女孩渐渐有了大女孩的模样，我就很是羡慕。嘟嘟生下来就非常可爱，是个高个子，她天赋异禀，很小就秉承了马老师和苒苒老师的艺术细胞，不仅气质极佳，也画得一手好画。马老师和苒苒老师两位不但德艺双馨，还将艺术不断地传承，在我心中他们是最高的艺术家，是永远的领路人，更是永远的偶像和榜样。

做老师那样出色的教师

小于洋／影视表演培训班

17岁的时候就开始跟着苒苒老师学习表演，苒苒老师在教学上的观念一直都是生活化的真实的表演。因此，她给我们上的第一堂课讲的就是学演戏先学做人！还是学生的我对这句话似乎还流于表面的理解，但是通过跟随苒苒老师的学习我渐渐明白了这句话的真谛。

苒苒老师告诉我们在生活中要做一个真实、真诚的人。无论是亲情爱情还是友情都要真诚地对待别人，因为只有在生活中真诚才能体会到真情，而恰恰只有真情才会打动别人。这个情字，看似简单，但是如何将真实流淌在现实生活中的真情，在规定情境中真实地表演出来，用真挚的情感打动别人，却是一个需要磨炼的事。因为演戏是假定的，情境是假定的，但是演员的情感却必须是真实的，只有真的东西，真挚的情感，才会打动别人，所以演员在演戏中一定要动心，动真情。直到现在我们也一直追寻着老师的这些理念。然而苪苪老师教给我的不仅有表演理论上的知识，在通过这些年和苪苪老师的接触中，耳濡目染教会我更多的是怎样做一个真诚的人，待人以真情，用自己真实的情感表演出更多更好的角色。

苪苪老师麾下不乏许多电影电视界的著名导演和优秀演员，无论是赵宝刚导演还是演员王茜姐姐等等，苪苪老师有时候提起他们，就好像是自己的孩子一般。每次跟苪苪老师一起去剧组，她总会为自己的“孩子们”带上她亲手做的他们爱吃的菜，那种感情就好像无论孩子飞得有多高，母亲依然爱着他们并且由衷地为他们的出色而喝彩。对于剧组的一些年轻演员，苪苪老师也是关爱有加。无论之前是否相识，每当年轻演员向苪苪老师提出问题的时候，无论拍戏有多累苪苪老师总会很耐心地给演员做详细的解答，帮助他们出色完成工作。她很受年轻人的喜爱，大家都很喜欢和她在一起，因为感觉和她在一起没有代沟，可以无话不谈。

一次，跟着苪苪老师去《急诊室的故事》的拍摄现场，那天晚上收工很晚，大家都很疲惫，苪苪老师收工后向周围的工作人员微笑地道一声辛苦了！起初我有些不解，苪苪老师作为资历深厚的老演员拍夜戏应该是最辛苦的，为什么还要向身边普通的工作人员客气致谢。苪苪老师似乎看出了我的疑惑，回去的路上她和我说，剧组的工作人员都很不容易，你看我们还能坐在旁边休息休息，他们要一直默默地为大家服务，他们才真的最辛苦，我们一定要尊重他们。听了这些话我忽然想到苪苪老师曾经说过的话——做戏先做人，以最真诚的心对待每一个人。使我明白了那些表演理论中没有的东西。苪苪老师的真诚果然获得了对方真心的回应。第二天剧组的工作人员和我聊天羡慕我是苪苪老师的学生，他们说：“参加过那么多的剧组苪苪老师就是素质高，不愧是大教授，待人真诚客气。不像现在有的年轻演员自己还没怎么样，就瞧不起人。只对能给他们带来利益的人尊重，对我们非常不尊重，我就佩服苪苪老师这样的艺术家，只有苒苒老师这样的人才是真正的艺术家。”艺术家三个字深深记在了我的心里，并且强烈感受到了一个剧组普通人对苒苒老师的敬佩，自己也感觉到和苒苒老师在一起特别光荣，心中被正能量包围。所谓德艺双馨，在我心里大概即是如此。

我为身为苒苒老师的学生而感到骄傲，感受着苒苒老师的温暖，体味着苒苒老师对我的教导，可以说在我这些年成长的道路上，是苒苒老师让我成为了一个更好的我，更好的演员。我现在也是一个老师了，未来我要更加努力，做老师那样出色的教师！

感谢您！我的恩师。

难忘2014年的夏和秋

高鸿雁 / 演员委员会

10月10日蔄蔄老师自传文字交稿，我充当老师“私人秘书”的日子暂告一段落。心里总有一个牵念，想为老师的书里写点什么，毕竟2014年的夏和秋，这紧张而繁忙的撰稿过程，我是亲历者亦是见证者。

2014年的夏、秋是忙碌的。蔄蔄老师每天都在写、写、写……由于老师不用电脑，所以是完全手写，每一个章节都是手写一遍，然后审视一遍，再誊抄一遍,又做了一次她书中为自己命名的“写家”。四个月中，蔄蔄老师写出了十万余字的书稿，实际上手写出来的字数最少应该是成稿的两倍。经我录入后的稿件，老师还要订正、修改两遍。“工作量”可谓繁重，“工程”可谓巨大。

2014年的夏、秋是充实的。蔄蔄老师查阅了从十几岁到现在保存完好的全部日记、大量照片、图书和影像资料，为自己和马老师的两本书稿中的人物和事件提供真实、详细的第一手资料。苒苒老师思维敏捷，对过往事件有着令人惊叹的记忆力，被我们背地里戏称为“活电脑”。

2014年的夏、秋是严格的。老师桌上的文具有黑色、红色两种水笔，还有铅笔、剪刀和胶水。黑色撰写、红色批改，剪刀胶水在段落调整的时候用来剪剪贴贴，铅笔做需要查阅资料的标记……手稿虽多但井然有序，语法章节疏密有致。从行文开始到全稿结束，老师一直都严格按照这样的程序进行，文字中无任何华丽辞藻的堆砌，平实的语言中也鲜有情感宣泄，表述简练，却准确、深刻。行行文字犹如疾风吹劲草，读后直指人心，使人心悦诚服。偶尔我在录入时加入的一些词汇，苒苒老师都会一一指出哪个较为恰当，哪个修辞过火，哪个需要查实周到……我仿佛回到了年幼时，站在老师办公桌前忐忑、信服而又有小小得意的时刻。

2014年的夏、秋是愉悦伴随着痛苦的。愉悦是藏在记忆里的很多趣事，如豆蔻年华时被男孩子以各种奇特的方式追求，在哈工大和电影学院学习时遇见的各种人和各种事，也有因学生演出时笑场而气得她从前台跑到后台侧幕旁边冲他们直比划、跺脚……而痛苦，则是记忆被唤醒，勾起了对已经去世的那些曾经亲密无间的同学、同事、至亲好友、工作上的伙伴的怀念和追忆，还有伴随回忆而来的失眠的折磨。

2014年的夏、秋是感动的。我们在文稿即将付梓时，收到两位老师的学生从世界各地发来的为祝贺传记出版而撰写的文章。这些学生有的用电脑，有的用Ipad，有的用纸笔，甚至有的在剧组只能用手机短信一字一句拼写出洋洋千言抒发对恩师的情感和无尽谢意。五十多年的教学岁月中，苒苒老师对所有的学生都一样地真挚相待，学生取得成绩时她欣慰开怀，遇到麻烦时她忧心着急，工作忙碌时她默默关注……学生就如她的孩子，而这些孩子们，此时也以自己的方式感念老师们对他们的疼惜和体谅。

2014年的夏、秋是美味的。苒苒老师是圈里出了名的美味大厨，她和马老师的家曾是学生们随时解馋、打牙祭、填饱肚子的所在，是北京电影学院最为门庭若市的地方。虽然我们处于紧张的写作阶段，她没有更多时间来做饭做菜，但那香喷喷的炸酱面、熟烂而劲道的羊肉、肥而不腻入口即化的红烧肉都留在了我们的记忆中。当然，最期待的还是苒苒老师最拿手的、老早就答应做给我们吃的马老师的家乡饭“抓饭”。

2014年的夏天和秋天，在自传出版紧张而头绪繁多的工作中，我和苒苒老师从陌生到熟悉，从一头雾水到配合默契。我站在老师身边，协助筛选了六千余张私家相片，旁观了几代演员无悔无私投身表演的学习过程，凝听了老师半个多世纪的传道授业解惑的精髓。四个月，十余万言，我有幸参与和见证了这个非凡的过程。

2014年的夏天和秋天，我在苒苒老师身边工作，她周身流转的不是西山暮色，而是春日暖阳，就如她的名字，苒苒，草木茂盛，绿意盎然。看着她笃定、淡然、自信地微笑，看着她不辞辛劳地笔耕，这些和着那阳光草木的清新味道也沁润着我，让我能放下浮躁，重拾踏实，认真地对待所有繁复的细枝末节。

在此，感谢我的领导张歌秘书长给了我这份“幸福”的工作和极大的信任。还有在此期间一直配合默契的工作搭档刘蕙菡、姜维以及同事和朋友们的支持和相助，没有你们，我的这份幸福不会如此完美。

最后，我要说：苒苒老师，2014年这个夏天、秋天里所有美好幸福的记忆我将不断重温，今后我会全力以赴，不负时光荏苒。

愿苒苒老师和马老师永远健康快乐，永远慈爱地注视着我前行。

后记

POSTSCRIPT

李苒苒

要在短短四个多月的时间里梳理、记录下来自己的过往岁月，不是一件容易的事情，对于不会使用电脑的人来说，困难尤甚，因为我只能全凭手写，写一遍，改一遍，再誊抄一遍，而在脑海里不停地将记忆翻开、寻找，也是一个让人唏嘘感叹的过程。当真是时光荏苒，白驹过隙。

好在，虽然不容易，但我也按时完成了这个艰巨的任务。书稿即将付梓之际，要感谢的人有很多。

首先要感谢我的学生，演员委员会的会长唐国强，以及人民交通出版社的朱伽林社长。因为唐国强的提议和人民交通出版社的大力支持，我和马精武才有机会出版自己的传记。还要感谢为我的书稿撰文的朋友、学生们，你们的挚言让我的传记增色不少。

特别要感谢为我们这两本书的出版付出辛劳的两个年轻团队，他们分别是人民交通出版社股份有限公司的文化创意发展中心副主任邵江及其率领的编辑们，还有演员委员会秘书长张歌、图书出版部负责人高鸿雁、艺术家诗书画学会副秘书长刘蕙菡和青年演员姜维。年轻人总是充满活力的，与他们一起工作的时光让我们很愉悦。

洋洋十余万言，不光是对我人生的记录，更重要的，是我希望能和亲朋、师长、学生们共同回味与分享时光带给我们的悸动、感悟。由于时间仓促，我的记忆也难免有偏差，若我的传记里偶有错漏，还望见谅。